DE L'INTERVENTION DES POUVOIRS PUBLICS

EN MATIÈRE

D'ASSISTANCE PAR LE TRAVAIL

PAR

MAURICE JOURDAN

RÉDACTEUR A LA PRÉFECTURE DE LA SEINE

PARIS

LIBRAIRIE NOUVELLE DE DROIT ET DE JURISPRUDENCE

ARTHUR ROUSSEAU, ÉDITEUR

14, RUE SOUFFLOT ET RUE TOULLIER, 13

1901

DE L'INTERVENTION DES POUVOIRS PUBLICS

EN MATIÈRE

D'ASSISTANCE PAR LE TRAVAIL

DE L'INTERVENTION DES POUVOIRS PUBLICS

EN MATIÈRE

D'ASSISTANCE PAR LE TRAVAIL

PAR

Maurice JOURDAN

RÉDACTEUR A LA PRÉFECTURE DE LA SEINE

PARIS

LIBRAIRIE NOUVELLE DE DROIT ET DE JURISPRUDENCE

ARTHUR ROUSSEAU, ÉDITEUR

14, RUE SOUFFLOT ET RUE TOULLIER, 13

1901

DE L'INTERVENTION DES POUVOIRS PUBLICS

EN MATIÈRE

D'ASSISTANCE PAR LE TRAVAIL

INTRODUCTION

Si de tous temps la misère a rencontré dans tous les pays auprès des individus et des gouvernements une sollicitude empressée, dont les efforts se sont employés à atténuer la gravité de cette plaie sociale, il faut bien reconnaître que le remède n'a pas toujours atteint le but qu'on se proposait. Quelle est donc la cause de cet insuccès ? On la trouve dans la façon même dont se traduit la philanthropie. Longtemps on a cru qu'une somme d'argent remise directement à celui qui sollicite était un mode d'assistance non seulement nécessaire, mais bien suffisant pour soulager la misère, sans songer que c'était pourtant rendre bien fréquemment un très mauvais service au malheureux que de lui faire l'aumône. Pour apprécier le mérite d'un acte, ce n'est pas assez de l'exécuter ; encore faut-il se soucier de la forme employée et surtout du résultat produit.

L'expérience de plusieurs siècles a permis aujourd'hui de découvrir le motif pour lequel l'assistance manque si souvent le but qu'elle se propose ; on accumule des sommes d'argent énormes entre les mains d'œuvres philanthropiques, l'assistance officielle distribue des secours d'une quotité considérable ; nous mêmes chaque jour nous venons encore personnellement apporter notre contingent pécuniaire au budget de la charité ; et n'est-on pas confondu en constatant que loin de déraciner le mal et d'obtenir le succès, toute la puissance de la générosité publique ou privée ne réussit qu'à grossir la masse de ceux qui recherchent la faculté si enviable de concourir au partage, tout en vivant dans une oisiveté, certes agréable pour eux, mais dangereuse pour la Société !

Décidés à réfréner cet attachement à l'aumône devenu chaque jour plus inquiétant, d'éminents philanthropes, de savants économistes et de soucieux législateurs se sont attachés à cette question dans le cours des vingt ou trente dernières années et un des mérites du XIXᵉ siècle aura été d'avoir organisé rationnellement l'*Assistance par le travail*, expression qui, plus nouvelle sans doute que la chose, s'explique au reste par la tentative décisive de donner à ce mode de secours une organisation systématique, grâce à laquelle un élément moral, le travail, devient la condition essentielle et caractéristique de l'allocation du secours. Le développement considérable donné en ces derniers temps à l'assistance par le travail en a fait aujourd'hui une des préoccupations primordiales de tous ceux qui s'intéressent au progrès de l'humanité, et le Congrès d'assistance publique et de bienfaisance privée tenu pendant notre Exposition universelle de 1900 est venu attester par ses travaux spéciaux et les savants rapports de ses membres tant français qu'étrangers, l'intérêt que l'humanité tout entière porte aujourd'hui à la question.

Ce n'est pas l'évolution de l'assistance par le travail que nous nous proposons pour objet de cette étude ; la question a déjà été traitée par des hommes compétents avec une connaissance très étendue et très approfondie de la matière ; mais en nous efforçant d'en définir le caractère et d'en tracer les conditions essentielles, nous voudrions seulement aborder le problème consistant à considérer et indiquer le rôle en cette matière de la puissance publique, l'intervention de l'État et celle des collectivités politiques qui sont les rouages de la grande machine administrative.

Sans doute nous aurons à constater quelle grosse influence peut avoir, en fait d'assistance par le travail, l'action des individus et des groupements purement sociaux formés par la réunion des générosités particulières ; la bienfaisance privée possède des qualités et présente des avantages et des garanties qu'il serait presque vain de vouloir attendre de l'assistance officielle; mais nous aurons à rechercher si les collectivités administratives, les pouvoirs publics doivent être entièrement indifférents en abandonnant à l'initiative individuelle le souci de l'assistance par le travail.

La responsabilité de la misère ne doit-elle pas atteindre
l'État, mandataire de la Société, coupable des vices qui la
rongent par suite de notre régime économique ?

Il ne s'agit pas évidemment de ceux que leur faiblesse physique ou morale nous oblige à secourir ;
c'est un devoir pour la société de prendre soin des
enfants, des malades, des infirmes, des fous et des vieillards, qui n'ont ni la faculté de subvenir à leurs besoins ni
celle de se protéger contre l'insouciance ou même la
malveillance de quelques-uns de leurs semblables.

Si à tous ces deshérités une assistance publique,
puissamment organisée, est indispensable, que dire de
tous ces valides — et ils sont légion — qu'une cause
purement accidentelle ou même leur propre volonté,
chômage ou vice, imprévoyance ou paresse, peuvent
conduire si souvent à tendre la main, décider à la vie
oisive et vagabonde, pousser quelquefois jusqu'au vol
ou jusqu'au crime ?

A tous ceux-là, faudra-t-il que les pouvoirs publics
reconnaissent un droit au travail, comme ils accordent
aux malades ou aux aliénés indigents un droit à l'assistance, qu'ils s'engagent dans les pratiques expérimentées en 1789 et en 1848 ?

D'une part, un gouvernement prévoyant et soucieux
de son progrès ne saurait certes laisser libre cours
au vagabondage et à la mendicité ; aussi devrons-nous

nous demander si avant de sévir comme elle le fait contre le vagabond et le mendiant, l'autorité ne devrait pas tout d'abord intervenir en leur donnant les moyens de se relever au moyen de l'assistance par le travail, en employant des mesures curatives.

Enfin, d'autre part, des dispositions préventives ne devront-elles pas être appliquées au travailleur sans ouvrage, qui n'est pas encore tombé dans la catégorie des mendiants, mais qu'un hasard immérité, un chômage involontaire prive momentanément du salaire qui lui permettait de vivre ; c'est à celui-ci surtout que doit s'appliquer ce mode d'assistance dont la vertu doit consister à l'empêcher de tomber définitivement à la charge de la société. Ici, tout en laissant l'initiative privée agir au mieux des intérêts de la société et des pauvres, l'Etat devra au moins s'efforcer de lui assurer un large concours, soit à l'aide de subventions en argent, soit au moyen des relations qu'il établira si efficacement entre ses organismes publics d'assistance et les associations privées qui ont pour objet l'assistance par le travail (1).

En dernier lieu, l'étude des faits nous permettra de généraliser les résultats et d'en tirer des conclusions ; l'expérimentation nous servira de point d'appui par l'étude des institutions publiques organisées par les diverses nations en matière d'assistance par le travail.

(1) D'autres mesures (telles que l'assurance contre le chômage, les bureaux de placement municipaux, les banques populaires) ont été prises pour assister les ouvriers sans ouvrage : mais bornant cette étude à l'assistance par le travail proprement dite, nous laissons absolument de côté ces questions.

PREMIÈRE PARTIE

L'ASSISTANCE PAR LE TRAVAIL. — NOTIONS GÉNÉRALES.

CHAPITRE PREMIER

Des causes de l'indigence et du paupérisme.

La misère procède de deux sources absolument distinctes : l'une dérive de la volonté même de l'homme, l'autre a pour cause des éléments plus complexes. D'une part c'est un individu amené au dernier degré du dénuement parce que l'oisiveté lui paraît préférable au travail; de l'autre un ouvrier momentanément sans ouvrage et ne demandant qu'à en retrouver. Ici nous avons affaire à un mendiant ou un vagabond dont l'habitude est de tendre la main; là à un honnête homme dont la situation n'est qu'accidentelle, dont la déchéance n'est pas fatale et qui sollicite notre appui pour opérer son relèvement.

On ne sait pas assez que le professionnel de la mendicité fait le plus grand tort, porte le plus gros préjudice au malheureux vrai, involontairement oisif, que la nécessité pousse à tendre la main. Mais il faut bien dire que l'un peut dériver de l'autre, que l'ouvrier accidentellement sans travail qui se risque à mendier un jour, est tenté de recommencer le lendemain, passant bientôt dans la catégorie des professionnels. Mais tant que celui-là n'a pas perdu toute sa dignité et qu'on peut trouver en lui un reste d'amour-propre, c'est un être intéressant dont il importe de prendre les intérêts, afin d'en refaire un travailleur, de lui faire reprendre sa place dans la société.

Loin de disparaître dans nos pays, la misère ne fait qu'y augmenter de jour en jour; quelle en est la cause?

Pour certaines natures sans doute, l'oisiveté est une nécessité en quelque sorte inéluctable; un certain nombre d'individus, par tempérament résolument paresseux, n'ont jamais voulu recourir au travail pour vivre; mais à côté de ces invétérés fainéants, combien grande est la foule de ceux qui, malgré les bonnes dispositions dont ils étaient naturellement doués, sont devenus par négligence ou par entraînement d'incorrigibles nécessiteux? Comment expliquer cet inflexible accroissement de la misère, alors que la grande industrie distribue cent fois plus de salaires que l'ancienne, qu'elle fait vivre cent fois plus d'ouvriers,

qu'elle réduit le prix des objets manufacturés et par là
met à la portée de l'ouvrier, non seulement le nécessaire,
mais ce qui eût été le luxe il y a cent ans !

C'est précisément des conditions actuelles de l'industrie
qu'il est permis de conclure au développement actuel de
l'indigence. C'est dans le travail lui-même que nous trouvons en grande partie la cause, l'origine de la misère con-
temporaine ; aussi est-ce par le travail que nous devrons
nous efforcer de réhabiliter ceux qu'il a en quelque sorte
condamnés ; le progrès économique est fréquemment
accompagné de décadences sociales ; une révolution dans
le travail amène une révolution dans les conditions du travailleur.

Sous les régimes anciens d'autorité, et spécialement
sous le régime patriarcal, la misère ne saurait guère
résulter que de la négligence d'un intérêt direct ; dans la
société antique, la pratique de l'esclavage n'a-t-elle pas
pour effet d'intéresser le maître à conserver son esclave,
cet instrument de production, qui constituait alors la plus
grosse part du capital ; de même au Moyen-âge, la dépendance acceptée du serf, payée du prix de sa liberté et de
sa propriété, le plaçait sous le patronage légal du seigneur
et son existence se trouvait assurée à des conditions rai-
sonnables.

Mais sous le régime du travail libre et de la propriété
individuelle, on conçoit que la place laissée à la responsabilité personnelle puisse donner prise à la misère ; et
c'est surtout au milieu des populations manufacturières

que le mal exerce ses ravages, en semblant défier les efforts et creuser devant la bienfaisance un vide de plus en plus profond ; elle s'abat avec plus de rigueur sur les grosses accumulations de capitaux, comme si elle devait fatalement faire contraste avec la richesse.

Lorsque la population vivait surtout de l'agriculture, les souffrances qui la frappaient n'étaient dues qu'à des causes purement naturelles et physiques (intempéries, mauvaises récoltes) ; des secours publics pouvaient alors être facilement organisés pour faire face aux nécessités urgentes et disparaissaient bientôt, une fois la crise passée et l'aisance revenue.

Mais depuis que l'industrie manufacturière a pris la prépondérance, depuis que le dépeuplement des campagnes au profit des centres manufacturiers, et l'expansion donnée à la grande production ont complètement modifié la face de la question sociale, ce n'est plus à des crises passagères qu'il y a lieu de pourvoir. Jadis la crise agricole n'était que temporaire, accidentelle, aujourd'hui la crise manufacturière existe à l'état chronique, sans qu'aucune mesure puisse en tempérer la tenacité.

Les causes économiques de la misère sont en effet comme un apanage de la civilisation. Outre celles qui se rattachent à nos institutions publiques et à notre organisation gouvernementale, comme « les crises politiques, « la désunion des classes, le vice des institutions civiles « qui violent les principes de répartition équitable, laissent « le champ libre à l'usure, ou secondent par l'effet de

« privilèges injustes la concentration excessive des for-
« tunes » (1), plus graves et plus dangereuses sont toutes
les causes se rattachant comme nous venons de le dire,
à la situation du travailleur moderne.

L'affranchissement des esclaves dans l'antiquité, l'éman-
cipation des serfs au moyen-âge n'avaient pas été déjà, en
livrant l'homme à lui-même, sans lui faire sentir combien
lourd est souvent le poids de la responsabilité personnelle ;
ce fut bien autre chose lorsque, au commencement des
temps modernes, le travail, cédant le pas au capital, a rendu
plus fréquentes les crises industrielles. La ruine de la
petite industrie et l'expropriation des masses confère au
capital le pouvoir de commander le travail d'autrui. Le
système industriel moderne, basé sur une coopération très
complexe et l'utilisation des engins mécaniques, qui
implique la division du travail et l'abondance de la production, en donnant lieu à la concentration des entreprises, à
la grande industrie, oblige l'ouvrier à recourir au capita-
liste.

De plus en plus, la spécialisation du travail tend à
augmenter, même à l'excès ; jadis le travailleur qui ouvrait
la pierre ou le bois, savait tous les détails de sa profession ;
en cas de chômage, une industrie voisine lui procurait
facilement de l'ouvrage ; aujourd'hui, la suprême ressource
de l'ouvrier sans travail est de quitter son domicile pour
aller à la recherche d'un atelier similaire plus favorisé que
celui qu'il a été forcé d'abandonner.

(1) Cauwès, *Cours d'économie politique*, tome III, p. 619.

Nous ne voulons pas nous appesantir sur les inconvénients du machinisme et de la grande industrie; ses avantages sont aussi connus et aussi discutés que ses défauts; mais ces derniers sont seuls à nous intéresser dans cette grave question de la misère. Qu'une crise vienne à éclater par suite du resserrement de la consommation et de la fermeture des débouchés, le chômage forcé du capital entraîne fatalement le chômage du travail. L'encombrement général du marché, — « general glut », disent les Anglais, — est forcément suivi de l'arrêt de la production, fatal à l'ouvrier. Tous ces accidents de notre industrie actuelle, pouvons-nous répéter avec Sismondi, sont dus à l'emploi de capitaux démesurés réunis pour une seule entreprise. « Si l'industrie organisée comme nous la voyons, est l'un des plus admirables phénomènes de la société, dès qu'il y a crise, c'est un des plus affreux » (1).

Ainsi donc, bien que le développement de la grande industrie ait permis de fournir le marché de masses considérables de produits, les producteurs en cas de crise se voient contraints de réduire les frais de la production et d'abaisser leurs prix; cette dépréciation générale a pour conséquence inévitable la baisse des profits et la faillite pour le fabricant, la baisse des salaires et le chômage pour l'ouvrier (2).

Ajoutons enfin à ces faits qui touchent directement le principe de la production ceux qui concernent le producteur

(1) Villermé, Rapport sur l'état des ouvriers à l'Académie des Sciences morales et politiques, p. 228.
(2) Gide, *Principes d'économie politique*, p. 180.

lui-même; si le perfectionnement industr entraîne fréquemment surproduction par surabondance de produits, il est hors de doute qu'il y a aussi fréquemment surabondance de travailleurs; le machinisme, en diminuant la valeur technique de l'ouvrier, en permettant de substituer avantageusement à l'adulte la femme et l'enfant dont le salaire est moindre, en facilitant même la concurrence des ouvriers étrangers, en attirant enfin vers la ville comme vers un rêve tous les bras occupés à l'agriculture (1), ne produit-il pas cet effet d'imposer l'abaissement du salaire de l'ouvrier et la pauvreté qui en est le corollaire ?

« Ce qui distingue notre temps du passé et ce qui est « son grave défaut, c'est que le nombre de ceux qui sont « en danger de tomber dans la pauvreté a grandi dans « une mesure énorme et menace de grandir encore. L'in- « dustrie moderne et l'exploitation des fabriques ont pro- « duit une classe sociale, dont les moyens d'existence « sont déjà si minimes qu'ils servent à peine à la conser- « vation de la vie, et en même temps ils sont si incertains « que la possibilité de tomber dans le chômage et par là « dans la pauvreté existe d'une manière constante » (2).

Néanmoins, il faut bien reconnaître que les phénomè-

(1) En 1871, la population rurale formait les trois quarts de la France, en 1896, elle n'en constituait plus que les deux tiers. Toutefois il est bon de remarquer que dans les pays neufs, tous les bras ne trouvent pas toujours à être utilisés. En Australie les *unemployed* (sans-travail) ont constitué une véritable plaie dans les grandes cités; on est obligé de les diriger vers des territoires libres, à l'aide d'avances, qui sont remboursables à l'État.

(2) Schœnberg, *Traité de l'économie politique*, II, p. 578.

nes de dépopulation par la misère sous l'ancien régime sont une preuve que le paupérisme n'existe pas seulement par suite du développement industriel et de l'existence des manufactures; la misère de l'ancienne France était peut-être plus intense que la misère moderne; Vauban, Boisguillebert et beaucoup d'autres nous en ont laissé de nombreux témoignages; mais ce qu'il est vrai de dire, c'est que le système industriel sous lequel nous vivons présente de gros inconvénients; tous les abus du *sweating system*, les trop fréquentes et déplorables conditions du travail à domicile contribuent à augmenter la misère de l'ouvrier des villes.

Sismondi, Proudhon, Karl-Marx et Lassalle s'imaginèrent qu'en supprimant le capital individuel, en socialisant les instruments de travail, le remède au paupérisme s'offrait de lui-même; mais ce n'est pas le collectivisme qui atténuerait les souffrances sociales; et le remède doit être cherché ailleurs, croyons-nous.

Il n'est en somme pas douteux que l'état industriel de nos sociétés ne soit le point de départ d'un état réel et permanent de chômage et, partant, d'indigence. Selon l'expression de M. Tarde, l'homme faible est dans un état de *réceptivité*: la plaie du chômage entraîne en effet à sa suite une foule de perturbations: paresse, désœuvrement, ivrognerie, mendicité, qui dominent la volonté de l'individu et dont il ne saurait être délivré sans une intervention assez puissante pour combattre sa passivité.

En présence d'une aussi déplorable situation, un gouvernement a-t-il donc le droit de rester insouciant? Faut-il qu'il se désintéresse du sort de ces malheureux dont un si grand nombre le sont un peu par sa faute? Faut-il qu'il laisse libre cours à la bienfaisance issue de l'initiative privée ou qu'il intervienne pour porter remède aux infortunes des hommes dont il a la garde?

Avant d'étudier la question, il nous importe d'indiquer avant tout le procédé d'assistance que nous entendons préconiser, et qui consiste à secourir non pas simplement, comme on a trop l'habitude de le faire, en donnant de l'argent, en faisant l'aumône à l'homme valide qui la sollicite, mais en subordonnant toute allocation de secours à l'exécution d'une tâche, dont l'accomplissement prouvera que le quémandeur est intéressant, prêt à seconder nos efforts et désireux de rentrer dans la catégorie des travailleurs.

CHAPITRE II

DES REMÈDES A APPORTER A L'INDIGENCE.

SECTION I. — L'aumône ; son peu d'efficacité et ses inconvénients.

Quand l'économiste Watteville disait que nous voyons encore aujourd'hui « inscrits sur les contrôles de l'Assis- « tance publique les petits-fils des indigents admis aux « secours en 1802, alors que les fils avaient été en 1830 « portés également sur les tables fatales », son assertion n'avait rien d'exagéré ; si l'assistance pratiquée sous forme d'aumône, soit en argent, soit même en nature se trouve impuissante, c'est qu'en effet elle établit l'hérédité dans l'indigence.

L'aumône, en créant des pauvres, constitue ce qu'on a appelé avec juste raison la *paupériculture*. On rapporte qu'à New-York une femme ayant été admise aux secours de l'assistance municipale, ses descendants le furent égale-

ment, au point qu'actuellement à la 4e génération, la
famille compte 77 assistés et qu'elle a coûté à la ville
depuis un siècle la jolie somme de 1.250.000 dollars, soit
6 millions de francs (1). De tels exemples pourraient être
multipliés; habitués qu'ont été les ancêtres à être secourus, ceux-ci ont transmis aux générations qui leur ont
succédé le profit de cette avantageuse situation, et, de père
en fils, la qualité d'indigent s'est conservée, dépôt bien
précieux, d'une part soustrait aux exigences du système
fiscal, et grevant de l'autre la société d'une charge toujours plus lourde.

Que la charité soit faite à l'indigent par l'individu ou
les pouvoirs publics, que l'assistance soit officielle ou privée, peu importe ici; ce que nous voulons seulement constater, c'est le danger du secours en argent et l'avantage
de le remplacer par une assistance dont le travail, représentant l'effort, le bon vouloir, serait sinon la seule, du
moins la première condition.

Puisque, disons-nous, l'argent a la plupart du temps
pour conséquence non de diminuer le nombre des assistés, mais au contraire de l'augmenter, le fait même de
l'aumône en argent se trouve être en quelque sorte un
agent de l'indigence ou du moins la favorise considérablement. Combien d'hommes, préférant la paresse au travail,
jugent inutile de se donner du mal pour gagner un salaire
convenable alors que tant d'autres dans l'oisiveté et l'inac-

(1) Lecoq, *L'assistance par le travail en France*, Thèse page 26.

tion exploitent la charité dont le rapport est autremen avantageux ?

C'est à la racine même d'un mal qu'il faut s'attaquer pour tenter de le supprimer; aussi est-ce en s'efforçant d'anéan_ tir cette source d'indigence, l'aumône, qu'il est possible d'espérer l'arrêt du courant auquel elle a donné naissance. Partout où l'aumône est pratiquée, le nombre de ceux qui font appel à la charité ne peut que croître, puisque rien ne réfrène la paresse.

La statistique nous enseigne que 20 pour 100 environ des individus secourus trouvent moyen de cumuler tous les secours et de vivre à l'état de véritables rentiers de l'assistance; une telle constatation permet immédiatement d'avancer que les ressources de l'assistance ne vont pas toutes à leur destination et ne servent pas toutes au soulagement des pauvres vrais; pourtant ces ressources seraient à coup sûr suffisantes pour soulager la misère de ceux qui devraient en être les bénéficiaires ; mais les plus dignes d'intérêt et de sympathie se voient frustrés par «certains « comédiens, habiles dans l'art d'apitoyer, qui mènent « une vie agréable et accumulent des ressources qu'on « trouvera dans leur paillasse à leur décès et dont leur « respectable famille viendra hériter » (1).

Aussi voyons-nous chaque jour dans les grandes villes, comme Paris, celles où l'assistance est le plus — ne disons pas le mieux — organisée, des hommes, des femmes et des

____

(1) Rapport de M. R. Bompard au Conseil municipal de Paris (année 1893, nº 105).

enfants, des familles entières mourir de faim ou se sui-
cider de désespoir, tandis que, sans enquête et sans garantie, on distribue des secours à ceux qui joignent à une
coupable indignité une habileté consommée à extorquer
des subsides dont ils vivent largement.

Est-il nécessaire d'insister davantage sur le vice que
contient en soi le secours matériel qui pervertit les sentiments de devoir et de responsabilité, en produisant les
plus funestes conséquences au point de vue économique ?

Grâce à cet appui assuré, l'ouvrier pourra se contenter
d'un salaire moindre, ne cherchant pas à augmenter son
ouvrage, puisqu'il est certain de trouver ailleurs la somme
suffisante pour assurer son existence. Quel peut être le
résultat d'une semblable indifférence ? Celui-ci, que la
main d'œuvre se trouvera dépréciée, le salaire avili. Et
qui souffrira d'un tel état de choses? L'ouvrier, l'ouvrier
honnête et actif, que l'imprévoyance et la paresse n'ont
pas atteint; c'est lui qui supportera finalement l'entretien de ceux-là mêmes qui le menacent sur le marché du
travail.

En Angleterre, le travailleur agricole ne peut plus se
passer de l'assistance ; sa subsistance n'est assurée que
grâce aux secours qu'on lui donne ; dans ce pays de
grande propriété, où la terre est aux mains de quelques
centaines de personnes, c'est la taxe des pauvres qui est
obligée de venir compenser une telle inégalité.

L'argent sorti si généreusement de nos poches entre
donc simplement dans celles de fainéants qui pourraient

s'en passer et ne devraient d'abord compter pour vivre que sur leur travail propre et non sur celui de leurs concitoyens ; tous ceux-là forment la catégorie des valides, valides de corps et d'esprit, recourant pour vivre à l'assistance, les uns par paresse, parce qu'ils ne veulent pas, les autres par nécessité, parce qu'ils ne peuvent pas s'adresser au travail.

Ce n'est cependant pas d'une manière absolue qu'il faudrait repousser l'aumône, mais au lieu d'en faire un système, il importerait de n'y voir qu'un moyen très accessoire de secours, pouvant être très utile, s'il est bien appliqué. « Une philanthropie éclairée, dit M. Fouillée (1) ne « doit pas accorder ses bienfaits au hasard et sans condi- « tions ; elle doit être une justice réparative et préventive « tout ensemble, au lieu de demeurer cette antique cha- « rité chrétienne, qui, comme l'amour, a trop souvent un « bandeau sur les yeux ». Une bienfaisance aveugle ne « saurait donner de bons résultats : « Il n'y a rien qui sup- « porte d'être mal fait, pas même le bien ; je serais pres- « que tenté de dire surtout le bien, car le mal, mal fait, ne « fait de tort qu'au mal, tandis que le bien, mal fait, fait du « tort au bien (2) ».

SECTION II. — **Le travail, sa vertu.**

En réservant nos ressources pécuniaires pour ceux

(1) Fouillée. *La Philanthropie scientifique (Revue des Deux-Mondes,* 1882, tome V, p. 437).

(2) D'Haussonville, *Socialisme et charité,* p. 405.

qu'on peut qualifier d'un mot, les invalides : invalides de
corps, comme le sont les infirmes, les malades, les vieillards ; invalides d'esprit, comme les aliénés, nous aurons
tout lieu d'en attendre deux avantages : le premier con-
sistera en ce que la suppression radicale du secours en
argent découragera la paresse de ceux qui vivent de l'assistance ; le second, en ce que l'aide donnée aux autres
sera d'autant plus efficace que les ressources se trouveront
ainsi être plus considérables pour les secourir.

Tous les hommes éminents qui ont fait de l'assistance
l'objet d'études spéciales sont aujourd'hui d'accord sur ce
point ; les propositions de lois présentées à la Chambre
des députés par M. Maurice Faure, par M. Georges Berry,
et, plus récemment, par M. Cruppi, sont unanimes dans
le principe pour demander d'organiser l'assistance par le
travail toutes les fois qu'il s'agira de secourir des indigents
capables de travail. Chez les Hébreux, Moïse enseignait à
son peuple qu'après la prière, le premier de ses devoirs
était le travail. L'homme, à peine créé, obéit à la loi du
travail ; l'homme, nous dit la Genèse, « s'appliqua à l'a-
griculture et commença à cultiver la terre ». Autrefois
l'Eglise enseignait la loi du travail et en France, sous l'ancien régime, bien que l'assistance fût fort mal organisée,
on sait que plusieurs ordonnances obligèrent tous les valides à travailler sous peine d'encourir les rigueurs des
lois. En 1543, un arrêt du Parlement ordonnait de fournir des secours aux infirmes et du travail aux valides,
« suivant l'ordre de charité qui est de nourrir les inva-

« lides et de faire travailler ceux qui peuvent gagner leur
« vie au labeur de leur corps. »

Vers la même époque, Bodin, dans son ouvrage de *la
République*, préconisait pour la suppression du paupérisme, la création d'écoles professionnelles, où les enfants
pauvres apprendraient un métier qui pût leur permettre
de gagner leur vie.

Deux siècles plus tard, Montesquieu partageait ces idées
en écrivant : « Un homme n'est pas pauvre parce qu'il
« n'a rien, mais parce qu'il ne travaille pas. Celui qui n'a
« aucun bien et qui travaille est aussi à son aise que celui
« qui a 100 écus de revenus sans travailler » (1).

Ce qu'il importait donc de découvrir, c'était un moyen
de remplacer l'aumône qui encourage à la paresse par un
travail d'une part assez rémunéré pour assurer la subsistance, mais d'autre part pas suffisamment pour enlever le
désir d'en trouver un plus lucratif. La vertu du travail
n'est pas illusoire ; en conservant la dignité de l'homme,
elle le protège contre l'inertie et lui donne conscience de
faire œuvre utile; sans penser comme Condillac qu'il soit
permis de voir se réaliser d'ici longtemps ce rêve d'une
société dont tous les membres vivent de leur travail et où
aucun n'est pauvre, il n'est pas moins souhaitable que
tous les hommes puissent subvenir par leur travail aux
nécessités de l'existence.

Sans doute le travail suppose un effort, une peine, et

(1) Montesquieu. *Esprit des Lois*, Livre 23, chap. 20.

généralement ne stimule l'activité de l'homme que par l'intérêt qu'il compte trouver dans le résultat ; aussi le socialiste Fourier se proposait-il de transformer dans son phalanstère le travail en plaisir ; mais l'homme a besoin d'une propriété, base et condition de son indépendance individuelle ; le manque de propriété, la pauvreté, le place, à l'égard de ses semblables, dans une dépendance souvent humiliante. C'est pourquoi l'indigent doit être secouru d'une façon qui le relève à ses propres yeux, à l'aide du travail, dont le caractère moralisateur doit lui faire comprendre toutes les conséquences utiles qu'il aura le loisir d'en tirer s'il est capable de bonne volonté.

De sorte qu'on peut dire de l'assistance par le travail que son principe est *la suppression du secours direct en argent auquel elle substitue l'obligation au travail*, dont la rémunération sera faite en nature ou en argent.

CHAPITRE III

Principe de l'assistance par le travail. — Son caractère et ses méthodes.

Le point de départ de toute œuvre d'assistance par le travail est tel que nous venons de l'indiquer. Ce n'est pas à dire que toujours et partout on y emploie les mêmes moyens, et que l'organisation de tous les établissements soit identique. Selon la conception plus ou moins large qu'elles se font de l'assistance par le travail, selon le résultat définitif qu'elles poursuivent et l'esprit qui les anime, les œuvres d'assistance par le travail diffèrent fort notablement. Aussi, pour nous faire une idée de ces diverses organisations, n'est-il pas inutile d'en indiquer les caractères essentiels en esquissant les conditions d'admission et de séjour de l'indigent, le régime auquel il est soumis, et les procédés de rémunération de son travail.

Nous aurons ainsi un aperçu de l'assistance par le travail, qui nous aidera à saisir la suite des développements de notre étude.

Tout d'abord nous répétons que ce mode de secours ne saurait être employé qu'à l'égard des individus qui sont physiquement capables de travailler. Et parmi eux, nous pouvons ranger ceux qu'une infirmité native ou accidentelle prive de la possibilité d'un travail normal, aussi lucratif que celui du travailleur ordinaire ; c'est ainsi que les expériences tentées pour faire travailler les sourds-muets, les aveugles et même les estropiés ont donné les résultats les plus encourageants ; il ne faut donc pas négliger d'assister par le travail ces demi-invalides toutes les fois que la chose sera possible. — Les femmes enfin sont particulièrement intéressantes et on a cherché à leur venir en aide dans les diverses circonstances de la vie en leur fournissant l'occasion d'employer utilement les moments qu'elles ne consacrent pas au ménage et à la famille.

Admission. — On peut être plus ou moins large au point de vue de l'admission. Si certains établissements reçoivent sans contrôle le premier venu, d'autres sont plus formalistes et exigent certaines conditions pour recevoir l'indigent. En général on distingue deux systèmes d'admission dans les établissements d'assistance par le travail. Le premier consiste dans le *bon de travail remboursable*. — Le sociétaire de l'œuvre reçoit de celle-ci des bons qu'il distribuera à ceux qui solliciteront une aumône ; l'indigent en possession du bon n'a plus qu'à se rendre à l'œuvre et celle-ci lui donnera un travail à faire, dont elle lui payera la valeur. Le prix en sera finalement remboursé ensuite à l'œuvre par le sociétaire qui a remis le bon.

Le second système admet dans l'atelier d'assistance celui qui s'y présente mais à condition qu'elle le reconnaisse intéressant. Ce système n'exclut pas l'admission par le bon, mais ici le bon remis à l'indigent par le sociétaire ne sert alors que de carte de présentation et n'est nullement indispensable.

Nous trouvons donc d'une part des établissements qui admettent tout individu porteur d'un bon de travail que lui a délivré un des sociétaires, la présentation du bon étant une condition d'admission nécessaire et suffisante ; et d'autre part des établissements qui sont ouverts au premier venu, mais où celui-ci n'est admis qu'après une brève enquête permettant de juger de la valeur de l'individu qui se présente.

L'un et l'autre de ces systèmes procède de la conception et du but de l'assistance par le travail : Le bon remboursable crée un droit au travail dans l'établissement où il est présenté, de telle sorte que ce bon est, comme on l'a dit, une sorte de *chèque d'aumône* ; portant par lui-même la valeur d'un certain nombre d'heures de travail, une fois le travail accompli, la valeur en est payée intégralement ; il n'y a là en somme, qu'une aumône différée ou déguisée qui laisse l'indigent dans la même situation qu'auparavant. « Le bon remboursable a donné à l'oisiveté des faci-« lités nouvelles pour vivre aux dépens du monde « charitable et a même créé une mendicité profession-« nelle d'un nouveau genre.... Avec ce système d'ad-« mission, d'habiles rouleurs se constituent facilement, « en mendiant et en se donnant comme sans travail

« un véritable portefeuille de chèques, et ils peuvent
« mener tranquillement et en philosophes la vie de
« paresse dont l'assistance par le travail doit avoir
« pour but de les forcer ou de les aider à sortir » (1).
Il se crée ainsi une clientèle spéciale de l'assistance
par le travail, et l'encombrement qui en résulte n'aboutit qu'à gaspiller les ressources dont elle dispose.

Il est vrai d'ajouter immédiatement que les partisans
de ce mode d'admission soutiennent que l'assistance
par le travail ne doit avoir d'autre objectif que le
« *contrôle de l'aumône* » (2), et l'offre d'un travail
d'épreuve qui doit seulement servir à écarter les paresseux en justifiant l'allocation du secours.

Le but est différent avec le sytème de l'admission
directe ou du bon non remboursable. Le bon, si bon
il y a, ne doit servir que de carte de présentation pour
diriger l'indigent sur l'atelier d'assistance ; aucun droit
n'existe pour lui parce qu'il est porteur de ce bon ;
l'œuvre où il se présente doit pouvoir refuser l'entrée
de son atelier à ceux qui ne sont que des rouleurs
impossibles à reclasser dans le travail ; l'épreuve
même du travail ne leur sera permise que s'ils en
paraissent dignes, s'ils méritent d'être secourus.

Ainsi donc, selon le but poursuivi, les œuvres d'assistance se distinguent au point de vue de l'admission

(1) *Congrès d'Assistance Publique et de Bienfaisance Privée*, 1900,
IVe Section, Rapport de M. Trézel, p. 10.
(2) *Congrès cité*, IV[o] Section, Rapport de M. de Pulligny.

en deux catégories fort différentes : les unes ne visant essentiellement qu'à enlever à l'aumône son caractère humiliant et d'ailleurs dangereux ; les autres au contraire se proposant finalement le reclassement des individus qui méritent qu'on s'occupe de leur sort. Les unes et les autres servent efficacement la cause de la charité, quoique dans un rayon différent.

II. *Séjour.* — Une fois l'indigent dans l'atelier de travail, combien de temps va-t-on l'y garder ?

En fait, la durée de l'assistance est fort variable, depuis les établissements où elle est illimitée jusqu'à ceux où elle est seulement de quelques jours (1). La réglementation du séjour est une matière aussi délicate que discutée, dépendant en grande partie des circonstances, demandant à se modeler sur les cas particuliers qu'elle rencontre ; dans l'œuvre qui ne voit que la simple transformation de l'aumône, l'accomplissement d'une tâche de la valeur du bon épuise l'assistance ; plus de bon, plus de travail, partant plus de secours ; dans l'œuvre constituée au contraire en vue du relèvement de l'assisté, le séjour n'est plus déterminé par le bon, lequel ne représente aucune valeur, mais il est variable comme nous le disions à l'instant ; en tous cas, en règle générale, l'admission ne doit être que

(1) En voici quelques exemples empruntés aux œuvres parisiennes : La durée de séjour est illimitée à la Colonie agricole de la Chalmelle, à la Maison hospitalière du pasteur Robin, rue Fessart, à l'Association Valentin Haüy. — Elle est de 40 jours à l'*Hospitalité du Travail*, de l'Avenue de Versailles ; de 3 mois au *Refuge-ouvroir Pauline Roland* ; de 15 jours à l'*Union d'assistance* du 2e et à celle du 6e arrondissement ; une journée à la *Société d'assistance* des 8 et 17e arrondissements.

temporaire pour permettre le renouvellement du personnel, sans toutefois être trop courte pour permettre de s'éclairer sur la valeur morale de l'indigent et de lui retrouver un emploi.

III. *Travail.* — Le travail n'étant que la condition de l'assistance et non son but, il serait inutile d'en espérer la rémunération des dépenses de l'atelier.

Ce qu'il s'agit avant tout d'organiser, c'est un travail approprié aux moyens de l'assisté, c'est-à-dire un travail simple, facile, ne demandant aucune connaissance spéciale; ensuite, il importe d'éviter le reproche de faire concurrence au commerce et à l'industrie privée, dont on accable avec si peu de raison les œuvres d'assistance par le travail.

§ 1. — Trois genres de travaux s'offrent au public des assistés.

1º *L'assistance à domicile.* Ce mode de secours s'applique spécialement aux mères de familles auxquelles il procure un travail facile à exécuter pendant les loisirs que leur laissent les soins du ménage; mais il faut reconnaître qu'on ne saurait le pratiquer sans discernement, étant donné la nécessité de fournir à demeure la matière première et d'avoir par conséquent une clientèle choisie, de toute confiance et dont le fonds est en quelque sorte permanent.

2º *L'assistance à l'atelier ou au chantier*, système le plus couramment suivi aujourd'hui, où le travail, mis à la portée de tous, n'exige pas le moindre apprentissage (1) et est généralement d'une surveillance facile, conditions indispensables pour y employer ces individus dont la plus grande partie sont des manœuvres sans métier.

3º L'assistance par le *travail de la terre*. Ce mode ne s'applique pas seulement à un personnel de passage auquel il offre une aide momentanée, mais il a pour objet de fixer au sol la famille en lui donnant le goût de la propriété avec le moyen de l'acquérir. Au lieu d'être de nature temporaire, le secours présente ici un caractère de durée obligatoire. N'oublions pas que la grande industrie en concentrant les ouvriers dans les ateliers industriels les a séparés de la terre qui leur fournissait une occupation de réserve en cas de chômage. Le Play, en particulier, nous a montré l'influence moralisatrice de la terre et c'est vers elle qu'il importe de ramener les bras inoccupés. Développant les habitudes de prévoyance et d'épargne, évitant à l'ouvrier d'aller chercher au loin du travail, l'assistance agricole est appelée à rendre les plus grands services à la cause de l'assistance par le travail.

Inauguré en France en 1890 avec les *Jardins ouvriers*, de Sedan, fondés par Madame Hervieu, le mouvement s'est généralisé en s'étendant à toute la France; en 1895, l'exemple était suivi à Saint-Étienne. Depuis, l'abbé Lemire, fondateur de la Ligue française du coin de terre, a mis en pratique l'assistance par le travail de la terre dans les

____

(1) Fabrication de margotins, paillassons, sacs en papier, étiquettes, triage de chiffons ou bien travaux de balayage, de terrassement au dehors.

grandes villes du Nord (Dunkerque, Arras, Valenciennes). La Colonie agricole de la Chalmelle, organisée par la Ville de Paris et inspirée des fameuses colonies agricoles de Hollande, est également un essai fort intéressant d'assistance, cette fois officielle (1); nous l'étudierons en détail dans un prochain chapitre (2).

§ II. — L'assistance par le travail doit, disons-nous, se défendre du reproche de faire une déloyale concurrence à l'industrie privée; le principe est donc pour l'œuvre de vendre au moins aussi cher que dans le commerce courant; pour éviter toute récrimination, les meilleurs procédés à employer consistent à se faire fournisseur des marchands vendant les mêmes produits, ou bien à recruter la clientèle parmi les adhérents de l'œuvre, ou encore à écouler les produits dans des ventes de charité, où ils sont généralement vendus à des prix élevés.

Ensuite on l'accuse aussi parfois d'être une cause de

(1) Les premiers jardins ouvriers furent ainsi fondés par des personnes charitables ; mais l'assistance publique n'a pas tardé à prendre l'initiative de créations semblables; en 1805 un industriel de Besançon, M. Charles Savoye, mettait à la disposition du bureau de bienfaisance deux pièces de terre qui furent immédiatement partagées entre 126 indigents. Un don récent a rendu le bureau de bienfaisance de Louviers propriétaire de 3 champs avec la même affectation ; ceux de Bachy et le Gersch, dans le département du Nord, avaient déjà reçu des legs analogues en 1802 et en 1897. A Boulogne-sur-Mer, à Beauvais et au Puy, les municipalités ont organisé des jardins ouvriers à côté de ceux fondés par les particuliers. — A l'étranger, l'assistance agricole s'est aussi développée; aux Etats-Unis, elle a été organisée par les pouvoirs publics à Détroit, Buffalo, Kansas; par des sociétés charitables à New-York et à Philadelphie (*Extrait du Rapport au Congrès d'assistance de 1900, de M. Louis Rivière, membre du Comité central des œuvres d'assistance*).

(2) Voir infra, p. 124 et 176.

l'avilissement des salaires. Le travail des assistés est toujours de peu de valeur; c'est ainsi qu'à l'assistance par le travail de Marseille, une heure de travail, payée 0 fr. 25, donne un rendement variant de 0 fr. 08 à 0 fr. 15; l'*Union d'Assistance* du 6e arrondissement calcule qu'un assisté lui coûte 2 fr. 15 et lui rapporte 0 fr. 71 par jour, soit une perte nette de 1 fr. 44 par individu secouru et par jour. A la maison départementale de Nanterre, qui reçoit les indigents sans ouvrage, le produit du travail des femmes ne monte pas au-dessus de 0 fr. 60 par jour. Le salaire doit donc être toujours faible et même assez abaissé pour éviter l'objection de détourner les ouvriers des ateliers privés, d'abaisser les salaires de l'industrie libre. Les quelques exemples que nous venons de donner montrent assez que les établissements d'assistance par le travail démentent par la situation de leurs finances les reproches qu'on leur fait; la plupart ne peuvent se soutenir qu'à l'aide des généreuses allocations de leurs adhérents et du concours financier des pouvoirs publics. On ne peut donc pas dire que l'assistance par le travail fasse concurrence au commerce ou à l'industrie libre; à Amiens, une chambre syndicale d'ouvriers vient de faire un don à la Société d'assistance par le travail de cette ville, nouvelle preuve de la confiance que commence à avoir le travailleur libre dans le désintéressement des maisons d'assistance par le travail (1).

(1) Il est intéressant de constater en passant que le jardin ouvrier résout par lui-même le problème de la concurrence, puisque le cultivateur consomme lui-même ce qu'il a produit et se trouve payé en nature de sa peine.

IV. *Rémunération.*— Deux modes se conçoivent et s'appliquent pour la rémunération du travail accompli : ce sont le paiement en nature et le paiement en argent.

Dans le premier cas, le secours est donné sous forme de l'hospitalisation complète, de la nourriture et du logement; c'est le système généralement suivi par les établissements qui n'ont pas seulement en vue une simple transformation de l'aumône, mais surtout le relèvement de l'assisté.

Sans doute le secours en argent rapproche davantage le sans travail de l'ouvrier véritable et convient surtout pour l'ouvrier qui a besoin de faire vivre une famille, mais n'est-il pas à craindre que « l'instinct, l'emportant bien « vite sur la volonté, ne pousse les assistés à liquéfier leur « salaire ; mille occasions les tentent à la sortie de l'atelier, « sans parler des privations plus ou moins longues qu'ils « ont endurées et dont ils ont d'autant plus hâte de se « dédommager » (1).

Le secours en nature est certainement le plus infaillible pour démasquer les professionnels de la mendicité ; mais certaines œuvres combinent avec avantage les deux systèmes ; à l'hospitalisation, elles joignent un léger salaire qui ne représente nullement la valeur de l'ouvrage accompli, mais permet au travailleur de se constituer un petit pécule qui lui rendra service à la sortie de l'atelier.

Donné en argent, le secours prend le nom de salaire; mais il importe essentiellement de ne pas voir ici un *salaire* au sens économique du mot. Le contrat de travail

(1) Rapport de M. Henry Defert au Congrès précité (page 17).

n'existant pas en l'espèce, l'allocation remise à l'assisté ne saurait être regardée comme un véritable salaire. Ce ne sont pas des ouvriers et des patrons que nous trouvons en présence, mais des malheureux qui demandent du secours et des hommes plus favorisés de la fortune qui prennent à charge de fournir cette assistance. Au point de vue économique, il n'y a pas salaire parce que la valeur du produit ne saurait couvrir le coût de production, et c'est précisément le rôle de l'assistance de combler la différence existant entre la valeur du produit et la rémunération payée au travailleur. « Il ne s'agit ici ni d'un travail normal, « ni d'un ouvrier normal, ni d'un employeur normal. Il « serait absurde et immoral d'introduire le salaire normal « dans ces rapports charitables où tout est exceptionnel « et c'est pour que l'assisté ait hâte d'aller chercher ce « salaire normal sur le marché libre du travail régulier « que l'institution se garde bien de le rémunérer au prix « de la main d'œuvre courante » (1).

C'est ainsi que l'on a pensé que la loi du 2 juillet 1890 sur le louage d'ouvrage ne saurait être applicable aux établissements d'assistance par le travail : à la suite d'incidents survenus à Bordeaux au sein de la société d'assistance par le travail et sur une plainte formulée par des individus secourus, le Comité central d'assistance par le travail, consulté sur la question, s'est très nettement déclaré contre l'application de la loi précitée à l'égard des assistés, et a été d'avis que ceux-ci n'avaient aucun droit à réclamer un certificat au moment où ils quittent l'atelier

____

(1) Congrès précité (IV⁰ section), Rapport de Puiligny, p. 17.

de travail; comme nous le disions précédemment, il n'y a pas là un entrepreneur ordinaire ni un travail ordinaire. Il serait seulement recommandable aux établissements d'assistance de délivrer aux individus secourus une attestation de présence, destinée à leur permettre de justifier de l'emploi de leur temps pendant leur séjour à l'atelier.

De même, dans un ordre d'idées identique, la loi du 9 avril 1898 relative aux accidents de travail ne peut être étendue aux ateliers d'assistance par le travail ; ceux-ci ne sont nullement des ateliers industriels, au sens où l'entend la loi ; si son application était permise en pareille matière, les mendiants et les gens sans aveu qui sont au nombre des assistés ne se feraient pas le moindre scrupule pour tirer parti d'une spéculation malhonnête ; nous le répétons, l'atelier d'assistance n'a pas pour but de faire concurrence au travail libre, mais de faire œuvre charitable en assistant provisoirement l'ouvrier sans ouvrage et en s'efforçant de multiplier les moyens de lui venir en aide (1).

V. *Placement.* — Il faut enfin pour terminer cet exposé indiquer que le placement des assistés doit être le complément de toute assistance par le travail. Après avoir fourni à l'assisté un travail temporaire, c'est un travail défi-

(1) Voir la *Revue philanthropique* de Novembre 1899 (page 117) et de janvier 1900 (page 355). — Le Ministre du Commerce, consulté sur la question par le Comité central a répondu dans une lettre du 30 août 1899 : « Sans pouvoir résoudre directement une question qu'il « appartient aux tribunaux de trancher, j'ai l'honneur de vous informer « que les œuvres d'assistance par le travail, se bornant rigoureusement « à leur mission d'assistance, sans recherche d'aucun bénéfice indus- « triel, pourraient, le cas échéant, se réclamer de l'opinion exprimée « dans ma circulaire du 24 août, publiée au *Journal officiel* du 28, « où j'ai pris soin d'indiquer que la loi s'applique seulement à tous les

nitif qu'elle doit s'efforcer de lui chercher; il s'agit de le reclasser dans le milieu qui lui convient, où il pourra tirer le meilleur parti de ses facultés et de ses aptitudes. L'œuvre qui se contente de pratiquer l'assistance par le travail en considérant le travail, simplement comme un but, n'a accompli que la moitié de sa tâche ; elle doit, avant tout, chercher à favoriser les relèvements individuels par le placement et même le rapatriement de ceux dont elle s'occupe pour en refaire des producteurs ; opération difficile et délicate, qui expose à bien des mécomptes et à bien des reproches, mais dont la grandeur réside précisément dans la sollicitude et le dévouement qu'elle exige de la part de l'assistant.

Il faudrait presque changer le titre des œuvres d'assistance par le travail et les appeler des œuvres *d'assistance*, POUR *le travail*, ainsi que le demandait au Congrès international d'assistance de 1900 M. le Dr Boy-Teissier, secrétaire général de l'*Assistance par le travail* de Marseille, qui ajoutait : « Il est nécessaire que l'aide soit « complète ; elle ne doit cesser que lorsque le replace- « ment dans le travail normal est effectué, sinon on fait « de la sentimentalité et non du raisonnement » (1).

<hr>

« travaux industriels dont le but est de réaliser un gain et auxquels
« convient par suite la qualification légale d'entreprise. »

D'autre part, le ministre questionné sur le même sujet par la préfecture de la Seine à l'égard des établissements d'assistance par le travail de la Ville de Paris, a fait connaître que le comité consultatif des assurances contre les accidents émettait l'avis que ces établissements municipaux « sont soumis à la loi toutes les fois que les chefs d'entreprises faisant exécuter les mêmes travaux, y seraient eux-mêmes assujettis ».

(1) Congrès précité. IVe section. Rapport de M. Boy-Teissier (p.2 et 13).

CHAPITRE IV

CONCLUSION

Les conséquences d'un système d'assistance aussi rationnel sont d'une utilité sociale qu'il serait malaisé de ne pas reconnaître ; s'adressant à tous ceux qui n'ont pas d'ouvrage, aussi bien aux ouvriers qu'un chômage a jetés dans la rue, qu'aux vagabonds et aux mendiants de profession, l'atelier d'assistance sera à la disposition des uns comme des autres ; comme on l'a maintes fois répété, le travail devient ainsi la *pierre de touche* de l'assistance ; on sait à quoi s'en tenir sur le compte de ceux qui demandent assistance et qui refusent de travailler pour obtenir le secours (1). Quand La Fontaine écrivait : « Que c'est être innocent que d'être malheureux », il ne songeait certes pas à tous ceux dont la paresse est d'un fructueux rapport.

Tous les professionnels de la charité qui font métier de la mendicité et dont la pauvreté est la fortune, sont-ils des innocents ? Ces terribles parasites fuient devant le travail,

(1) Pendant l'hiver de 1808, les asiles de nuit distribuèrent à des malheureux, 700 bons de travail destinés à être utilisés dans des chantiers de la ville ; sur ce total, il n'y eut que 150 individus qui se présentèrent au travail, et sur les 150, le lendemain il n'y en eut plus que 30 qui revinrent au chantier.

jugeant bien plus profitable de vivre à leur guise, en rentiers, des aumônes qu'ils recueillent de tous côtés sans efforts, quittes à obtenir au besoin par la force et la terreur qu'ils inspirent ce qu'on leur refuse pour donner satisfaction à leurs habitudes de fainéantise.

Imposé comme condition de l'assistance, le travail permet de se rendre compte de la bonne volonté de celui qu'il veut aider; le professionnel s'élimine de lui-même dans un tel système, et l'assistance se trouve jouer tout naturellement le rôle d'œuvre préventive de la mendicité (1).

C'est une des raisons pour lesquelles il faut éviter la création des abris communaux, que plusieurs municipalités ont organisés pour permettre aux cheminots de trouver un abri pendant le cours de leurs pérégrinations. Ces asiles ne sauraient qu'encourager le vagabondage et favoriser l'oisiveté; ce sont en outre des foyers d'infection, ainsi que l'a démontré l'enquête faite en 1895, qui a révélé l'existence de plus de 3,000 de ces abris.

N'auraient-elles accompli que ce résultat de faire disparaître de nos grandes villes où ils pullulent, le vagabond

---

(1) Cela est si vrai que des Sociétés d'assistance par le travail qui comptaient surtout parmi les négociants bon nombre d'adhérents au début de leur fonctionnement, voient aujourd'hui se réduire nettement le nombre de leurs sociétaires, ceux-ci s'étant trouvés presque totalement débarrassés des mendiants de profession qui venaient autrefois les solliciter, et jugeant dès lors inutile une adhésion qui n'avait de sens à leurs yeux qu'autant qu'elle avait pour effet de les soustraire à l'opportunité du mendiant. Le but une fois atteint, la philanthropie n'a pas continué l'œuvre de l'intérêt personnel.

et le mendiant, que ce serait déjà un beau titre de fierté pour les œuvres d'assistance par le travail. Outre qu'elles débarrassent momentanément le pavé des villes des mendiants qui l'envahissent et le déparent, elle soustrait ceux qu'elle assiste aux mauvaises tentations de la rue. « Mais « son utilité se réduit alors à une sorte d'opération de « voirie, non sans avantage peut-être pour la société, « mais à coup sûr sans profit pour l'assisté lui-même..... « Il n'y a pas que des réfractaires du travail parmi les « valides; il y a ceux qui ont la bonne volonté de faire, sans « en avoir les moyens, et qui, impuissants par eux-mêmes, « doivent trouver dans l'assistance par le travail, un « refuge et un réconfort contre la mauvaise fortune » (1).

Ce n'est pas uniquement une transformation de l'aumône ou une ligue contre la mendicité qu'on doit attendre d'elle, mais surtout, nous le répétons, un acte de relèvement individuel et de reclassement social. Le travail ne doit pas être pour elle un but, mais un moyen, car s'il est vrai qu'elle a plus de chance d'éloigner que de corriger le chômeur volontaire, c'est tant mieux : toutes ses forces se trouvent par ce fait réunies pour recueillir l'homme de bonne volonté avec d'autant plus d'efficacité, et le rendre utile à la société, pour l'aider à y reprendre la place qu'il doit y occuper. Comme on l'a fort justement dit : le but de l'assistance par le travail doit être de faire du mendiant un contribuable.

(1) *Congrès d'assistance publique et de bienfaisance privée de Paris, 1900 (4e section).* — Rapport de M. Henry Defert, page 12.

Dans cette rapide esquisse des principes formant la base de l'institution qui nous occupe, un processus méthodique nous a conduits à constater en premier lieu que l'assistance par le travail ne saurait recevoir d'application en ce qui concerne les invalides, malades, vieillards auxquels doivent être plus spécialement réservés et les secours en argent et les places dans les hospices et les hôpitaux; en second lieu, que la bienfaisante sélection opérée spontanément parmi les indigents valides paraissait devoir permettre de concentrer ses moyens d'action sur les seuls individus dignes d'intérêt et prêts à seconder par leur amour-propre la sollicitude de ceux qui veillent sur leur sort.

Ce n'est pas à dire qu'il faille considérer comme impossible ou inutile le reclassement social des vagabonds et des mendiants volontaires qu'une assistance facultative par le travail réussit à éloigner des parages où elle s'exerce sans guère en diminuer le nombre. Parce que ces indigents se trouvent naturellement chassés des centres de population et refoulés vers les campagnes, est-ce un motif suffisant pour les traiter par l'indifférence et pour que le législateur, avant de penser à réprimer, ne s'inquiète pas de faire travailler, en les assistant, ceux qui menacent de devenir un objet de terreur pour la société?

Nous verrons par la suite que le gouvernement a beaucoup à faire de ce côté-là, et que nos dépôts de mendicité ne remplissent nullement l'office qu'on avait en vue en les constituant; qu'ils sont devenus des hospices, des hôpitaux et des prisons, mais nullement des maisons d'assistance par le travail comme se l'était cependant proposé leur grand organisateur, Napoléon.

La question qui se pose maintenant à nous est donc celle de savoir à qui peut être confié le soin d'assister au moyen du travail les indigents valides; aux collectivités administratives ou aux sociétés privées. Avant de voir comment elle a été résolue chez nous et dans les pays étrangers, et quel parti il est possible de tirer de l'expérience acquise aujourd'hui, il importe de jeter un rapide coup d'œil sur les théories que l'économie politique et et l'histoire nous révèlent à ce sujet.

DEUXIÈME PARTIE

DES THÉORIES SUR L'ASSISTANCE OFFICIELLE

La Révolution de 1789, en décrétant la liberté du travail, ne pouvait prévoir les funestes conséquences de cette liberté ; l'accès libre des professions qui en est le trait distinctif peut amener une concurrence que l'absence de réglementation peut rendre désastreuse. Tous ceux qui choisissent une même profession se trouvant en compétition les plus intelligents et les plus forts priment les moins favorisés, de sorte que le travailleur libre court beaucoup plus de risques que l'esclave ou le serf dont l'existence est garantie par l'intérêt même du maître ou du seigneur, comme nous l'indiquions dans le précédent chapitre. L'entrepreneur, sous le régime de la liberté, n'est plus, comme le patron sous le régime autoritaire, dans la possibilité de recruter à son gré les ouvriers, et, pour ceux-ci aucun droit n'existe de se procurer du travail ; il y a un contrat libre et c'est de ce contrat que peut sortir la misère.

Un certain nombre d'économistes soutiennent que la misère, conséquence de l'état social, agit comme un remède à l'accroissement de la population et se trouve être une loi naturelle bienfaisante, contre l'efficacité de laquelle nous devons nous bien garder de réagir artificiellement.

D'autres, au contraire, considèrent cette liberté non seulement comme présentant les plus grands dangers sociaux mais comme une souffrance telle, qu'il est du devoir absolu de la société de recueillir tous ceux qui ont à pâtir de cette liberté pour les enrôler sous son autorité directe.

Il convient de dire en quelques mots ce que sont ces théories et le crédit qu'il y a lieu d'y attacher.

CHAPITRE I

NÉGATION DU DEVOIR D'ASSISTANCE. — THÉORIE DE MALTHUS.

Malthus, dans son « *Essai sur le principe de population* » n'admet aucune intervention en faveur de ceux qui se trouvent fléchir sous le poids de la concurrence ; car si la population a une tendance à s'accroître plus rapidement que les moyens d'existence, à quoi bon favoriser sa progression en soutenant l'indigence, puisqu'elle ne servirait qu'à imposer aux uns des privations et des charges au profit de l'imprévoyance et de la paresse des autres. Bien au contraire, c'est, dit-il, un rôle providentiel que joue la misère, en opérant dans l'humanité un travail de sélection ; n'essayons donc pas de le contrarier ; ce serait nous rendre le plus mauvais service.

Cette doctrine défendue par l'économiste anglais, inspirée de la taxe des pauvres et dont Darwin à son tour a tiré celle de la concurrence vitale, laisse entrevoir le fond du pessimisme dont elle est empreinte. Pour lui, c'est à la nature seule qu'il appartient de punir l'imprévoyance du père qui appelle à la vie plus d'êtres qu'il n'en peut nourrir. « La peine attachée à l'imprévoyance par les lois

« de la nature, dit-il, retombe sur le coupable, et cette
« peine est elle-même sévère... Et si notre vanité pré-
« somptueuse se flatte de mieux gouverner en contrariant
« cette loi, je suis porté à croire qu'elle s'engage dans une
« folle entreprise ».

L'élimination naturelle, toute spontanée, qui, selon lui,
permet de rétablir l'équilibre détruit entre la population
et la production, serait un procédé qui, pour être séduisant
en principe, serait à coup sûr barbare et peu en harmonie
avec les coutumes de la société civilisée, dans laquelle l'assistance est une règle de solidarité sociale et de justice,
puisque l'individu et la société sont faits l'un pour l'autre.
La seule conséquence possible serait la négation du droit
à l'existence. La lutte pour la vie est une loi dont nous
devons tendre à corriger les rigueurs par application des
principes d'égalité et d'humanité qui n'ont pas besoin d'être
inscrits dans nos constitutions pour être un devoir pour
nous. Par le fait que nos lois n'établissent pas la réglementation de la multiplication de l'espèce, elles acceptent
certaines charges à l'égard de ce qui peut être le trop
plein de la population; c'est là de la justice réparative.

Les évolutionnistes ne pensent guère autrement que
Malthus. H. Spencer déclare aussi qu'il y a un travail
d'élimination naturelle, dans lequel la société s'épure
d'elle-même; cette évolution naturelle de la société est en
étroit rapport avec l'idée biologique, dans laquelle il nous
montre une connexité entre l'organisme de la nature et
celui de la société. La volonté, le libre arbitre de l'homme

seraient choses inexistantes et toute intervention de l'Etat
ne pourrait que troubler inutilement la loi fatale d'évolution.

Point n'est besoin de s'arrêter davantage à ces considérations qui nous éloigneraient de notre sujet. Nous avons
seulement voulu dire en quelques mots le peu de crédit
qu'il est possible d'attribuer à une théorie aussi hostile à
l'idée d'assistance.

Ecartons également la doctrine qui ne veut voir un
soulagement possible à la misère que dans l'idée de la
prévoyance. A elle seule la prévoyance ne saurait con-
jurer le paupérisme ; il serait sans doute malaisé de con-
tester le pouvoir et l'utilité de l'assurance, de l'épargne
et l'aide puissante que peuvent fournir à l'ouvrier les sociétés de Secours mutuels. Sans être un remède universel, la
prévoyance reste un puissant palliatif contre les accidents,
la maladie, risques nettement individuels. Et il ne faut,
d'ailleurs, pas oublier que l'ouvrier pauvre arrive à épargner davantage que l'ouvrier plus fortuné. Mais, outre
qu'elle n'est pas possible pour tous, car elle suppose le
fait souvent contestable que l'ouvrier gagne un salaire
régulier et suffisant pour la créer, l'épargne présente l'inconvénient de n'avoir plus, dans bien des cas, qu'une
valeur dérisoire : quelle arme, en effet, opposer à l'inva-
sion qu'occasionnent des désastres, de mauvaises récoltes,
des inondations, des chômages tant soit peu prolongés,
si ce n'est celle de l'assistance qui vient soulager ceux
qui ont été atteints par ces fléaux.

Il faut donc admettre l'efficacité de l'assistance ; souvent indispensable, elle ne saurait certes être dangereuse là où elle agit pour soulager la misère accidentelle, afin de la relever du découragement et de reclasser le malheureux parmi ceux qui peuvent vivre à l'aide de leurs propres forces. La pauvreté n'est pas, comme Malthus semble le prétendre, une tare indélébile; et l'assistance a pour effet de faire reprendre à l'assisté la place qu'il doit occuper au milieu de nous.

CHAPITRE II

LE SOLIDARISME

Une école de formation récente place le fondement de l'assistance dans l'idée de solidarité (1).

Répudiant l'ultra-individualisme de Malthus et de Darwin, basé sur le principe de la concurrence et de la lutte pour la vie, le *solidarisme*, tout en reprenant l'idée d'évolution spontanée de Spencer, la transforme et tend à affermir dans l'esprit de l'homme l'idée de coopération et d'association. « Vivement frappée par le fait de la solidarité, « c'est-à-dire de la dépendance mutuelle des hommes que « la science sociale nous révèle sous mille formes, dont « la division du travail et l'hérédité ne sont que les « plus caractéristiques, cette école y voit non seulement « la plus grande loi économique, mais une grande loi « morale. Elle cherche à donner aux individus, en même « temps qu'une conscience de plus en plus claire de leur « état de mutuelle dépendance, le désir et la bonne « volonté de travailler à le développer... Sans doute la

(1) Cette doctrine a été vulgarisée par Wundt, Durckeim et MM. Tarde, Fouillée et Gide.

« solidarité n'acquiert une valeur morale qu'autant qu'elle
« devient voulue, mais justement la solidarité imposée
« par la loi peut être indispensable pour préparer le ter-
« rain sur lequel s'épanouira plus tard la coopération
« libre (1) ».

Comme on peut en juger par ces lignes, le solidarisme
est une doctrine d'un caractère encore mal déterminé. La
contrainte qu'il réclame servira non pas la cause de la
liberté, mais celle de la solidarité ; c'est la loi positive
qui va déterminer nos devoirs en organisant la coopération, jusqu'à ce qu'elle nous devienne une véritable habitude. Mais à partir de ce moment, l'individu n'existera
plus en soi, mais seulement comme faisant partie d'un
tout ; de même l'Etat ne se comprendra plus en soi, et la
société n'a plus de droits sur les hommes ; il n'y a que
ceux-ci qui aient des devoirs réciproques basés sur un
quasi contrat social. « Au milieu de cette trame sociale,
« conclut M. Fouillée, où s'entrecroisent toutes les des-
« tinées individuelles, il faudrait que pas un individu ne
« fût brisé sans que le mécanisme général fût atteint et
« forcé de réparer le mal dans la mesure du possible » (2).

Il n'est pas utile de s'arrêter davantage à la thèse soli-
dariste, dont les moyens sont encore incertains, et peu
définis ; mais il importait de la citer au passage parce
qu'elle sert en quelque sorte de trait d'union entre l'individualisme et le socialisme.

(1) Gide. *Principes d'économie politique*, p. 39.
(2) Fouillée. *La philanthopie scientifique* (*Revue des Deux-Mondes*, 1882, tome v).

CHAPITRE III

LA THÉORIE DU DROIT AU TRAVAIL. — SES PROCLAMATIONS EN 1789 ET EN 1848.

Reste donc à examiner la théorie qui prône l'intervention de l'État en matière d'assistance, et qui soutient que l'aide de nos semblables dans le besoin doit être une obligation absolue, dont la société a le devoir d'assumer la charge, la loi positive agissant avec une plus grande efficacité que la loi naturelle.

Faut-il donc reconnaître un droit à l'assistance et par voie de conséquence un droit au travail pour l'homme valide qui peut et qui veut travailler ? Les partisans de cette théorie prétendent que c'est à la collectivité, à l'État qu'il appartient de donner un gagne-pain à tous les ouvriers sans ouvrage, qui devraient pouvoir être assurés de trouver auprès de lui la garantie qu'ils réclament.

Nous voici à l'antipode de la théorie pessimiste de l'individualisme ; non seulement ce serait ici commettre un acte social des plus utiles que de secourir les indigents, mais l'État se trouverait obligé à l'accomplir par lui-même ; c'est à lui seul qu'incomberait cette charge de l'assistance. Ce n'est pas seulement l'assistance officielle qu'on réclame pour le malheureux; on demande d'instituer une assistance légale; c'est l'assistance obligatoire, non seulement érigée en service public, mais soutenue par un système de taxes régulières et permanentes, comme nous le voyons en Angleterre depuis le commencement du xvııe siècle.

Le communisme, qui défend cette théorie, réclame donc pour l'individu un droit à l'assistance. Chacun devant avoir dans la société une part de richesse proportionnelle à ses besoins, si l'équilibre vient à se rompre au détriment de l'un de nous, celui-là se trouve lésé et doit pouvoir demander réparation. C'est en somme la reconnaissance d'un droit à l'existence; et ce droit devient pour les individus valides le droit de vivre par leur travail; mais c'est l'Etat qui devra organiser ce travail, et c'est à lui que devront pouvoir s'adresser tous ceux qui ne peuvent en trouver ailleurs (1).

Le système de la charité légale est celui qui constitue le fond de la théorie anglaise sur l'assistance; nous

(1) On veut quelquefois distinguer et caractériser un droit à l'assistance et un devoir d'assistance; le *droit à l'assistance* impliquerait un devoir absolu et réciproque de l'Etat; tout individu pourrait alors réclamer secours de l'Etat, sans que celui-ci puisse le lui refuser. D'autre part, le *devoir d'assistance* serait une conception beaucoup plus étroite; ici, il y aurait bien une obligation pour l'Etat, mais sans qu'il en résulte un droit dont l'individu puisse obtenir la reconnaissance.

Outre que cette distinction nous paraît d'une subtilité exagérée, il semble difficile de concevoir un devoir qui n'aurait pas pour corrélatif un droit; reconnaître un devoir d'assister pour la collectivité sans admettre le droit pour l'individu d'en retirer le bénéfice, serait un non-sens. Si l'une des parties a un devoir, à ce devoir correspond un droit pour l'autre partie. Il est évident que si le devoir est légal, c'est-à-dire reconnu par la loi, le droit comportera en lui-même une sanction, et que aurons à voir dans un prochain chapitre ses résultats et à examiner les effets du work-house sur le paupérisme en Angleterre.

En France, à plusieurs reprises, des esprits éclairés ont défendu la charité légale. Deux époques les plus tourmentées de notre histoire ont suscité des théories sur l'assistance obligatoire de l'Etat. Il convient dès à présent de dire quelques mots de ces doctrines dont nous verrons plus loin les applications.

§ 1. — On sait quelle place importante occupa l'assistance dans les préoccupations des hommes de la Révolution de 1789.

La Constituante institue le *Comité de mendicité*, dont le titre seul indique la mission dont il était chargé. Le débat prit au sein de cette assemblée une ampleur extraordinaire dont nous retrouvons l'exacte physionomie dans la lecture des sept rapports présentés par le président du Comité, le duc de La Rochefoucauld Liancourt :

« Donner du travail à tous ceux qui peuvent travailler,
« voilà ce que doit la société. Le travail est la seule assis-
« tance qu'un gouvernement sage peut donner à l'homme

si le devoir est seulement moral, le droit sera de même nature. Tous les droits individuels ne sont pas sanctionnés, mais par le fait même qu'on les admet et qu'on détermine les personnes qui pourront en user, pourvu qu'elles remplissent certaines conditions, il nous paraît évident que la société ne peut s'en décharger sous un prétexte quelconque.

Par conséquent, dire que l'Etat a un devoir d'assistance, c'est dire que l'individu a le droit de réclamer sa protection ; et dire que l'individu a droit à l'assistance, c'est dire que l'Etat a le devoir de la lui fournir.

« valide, et le pauvre n'est que l'ouvrier sans propriété
« qui n'a point de travail. Tel est le sens donné à cet
« axiome politique que tout homme a droit à sa subsis-
« tance et à cette vérité incontestable que la mendicité
« n'est un délit que pour celui qui la préfère au tra-
« vail » (1).

Et la Constitution de 1791 déclare que « tout homme a
« droit à sa subsistance; que la société doit du travail à
« tous ceux qui peuvent travailler; enfin que l'assistance
« des pauvres est une charge nationale. » Le titre I disait : « Il sera organisé un établissement général de
« secours publics pour élever les enfants abandonnés,
« soulager les pauvres infirmes et fournir du travail aux
« pauvres valides qui n'auraient pas pu s'en procurer ».

Voici donc bien nettement posé le principe de l'assistance légale. Mais on ne se dissimulait pas déjà les difficultés auxquelles il pourrait donner lieu; aussi dut-on
décider que le travail donné par l'État serait moins rémunéré que celui qui est fait chez les particuliers, « principe
« essentiellement nécessaire, disait La Rochefoucauld
« Liancourt, et qui, bien suivi, est moral, politique,
« humain et même bienfaisant pour la société puisqu'il
« tend à lui donner de l'énergie, à lui créer des vertus,
« en ne se refusant d'ailleurs à aucun de ses véritables
« besoins (2). »

En 1793, la Constitution décide aussi catégoriquement

(1) Plan de travail du Comité.
(2) Premier rapport au Comité de mendicité, p. 8.

que l'assistance est un devoir de l'Etat envers les pauvres; dédaignant les scrupules du Comité de mendicité, la Convention proclame que les secours sont une *dette sacrée*, et cette déclaration la conduit à prendre des dispositions rigoureuses en vue de remplir le devoir qu'elle s'est imposé : le décret du 24 vendémiaire an II (15 octobre 1793) reconnait formellement le droit au secours pour les indigents, en disposant dans son titre V, article premier : « Le domicile de secours est le lieu où l'homme « nécessiteux a droit aux secours publics ». Et le titre premier du décret déterminait toute une organisation de travaux de secours pour les indigents valides.

Néanmoins, ni l'établissement immédiat de ces travaux ni la confiscation des biens ecclésiastiques convertis en biens nationaux ne réussirent à amener un résultat favorable dans la situation des classes ouvrières. Dans un rapport du Comité au Conseil des Cinq-Cents, en date du 13 messidor an IV, Delaporte estime à 500,000 le nombre des sans-travail.

La Révolution avait cru que d'un effort elle arriverait à résoudre le si complexe problème de la misère ; mais la question était vraiment trop vaste pour être embrassée d'une seule étreinte, et son plan devenait irréalisable.

La Rochefoucauld Liancourt avait bien compris la nécessité de limiter l'assistance, mais sans trouver les moyens qui pussent être utilisés à cet effet. « Et quand l'Etat, « disait-il, devrait fournir du travail à tout instant au gré « des gens, l'intérêt public s'opposerait à cette institution.

« Le gouvernement ne doit pas être prévoyant; il doit
« imprimer à chacun la nécessité individuelle et laisser
« agir l'influence des diverses relations sociales; c'est par
« la législation générale qu'il doit fournir à tous ceux à
« qui le travail est nécessaire pour vivre, les moyens de
« s'en procurer; c'est par une influence générale qu'il
« doit agir. Il doit être le mobile du travail ; encourage-
« ment à l'agriculture, l'industrie, le commerce, liberté,
« facilité des échanges, voilà comme un gouvernement,
« en servant l'intérêt public, sert l'intérêt particulier et
« assiste les malheureux en leur assurant une occupation
« productive (1). »

Mais l'idée du droit à l'existence et du droit au travail
sont alors profondément entrés dans l'esprit du peuple qui
les réclame avec énergie. On sait l'échec des ateliers de
secours organisés par la Convention ; l'institution inconsidérée du droit au travail, le manque de vues pratiques,
la trop large organisation des travaux contribuèrent à cet
insuccès. Enfin, une des grosses erreurs de la Convention
« fut de croire que l'assistance publique devait avoir un
« caractère national, que l'État pourrait centraliser toutes
« les ressources de l'assistance pour les faire retomber
« comme une manne bienfaisante sur les malheu-
« reux (2) ».

(1) Septième rapport au Comité de mendicité.
(2) Discours de M. Monod, directeur de l'Assistance et de l'Hygiène
publiques, à l'ouverture du Congrès d'Assistance publique et de Bienfaisance privée de 1900.

En résumé, ces grandes proclamations inspirées aux hommes de la Révolution par leurs idées d'humanité et d'égalité, tous ces élans généreux avaient lieu à une époque pour laquelle ils n'étaient point faits ; aussi les résultats furent-ils loin de répondre aux espérances. Le but à atteindre avait fort bien été entrevu, mais dans l'impatience de voir aboutir les réformes désirées, les membres du Comité de mendicité souvent entraînés plus loin qu'ils ne l'auraient voulu, sont obligés de revenir sur leurs paroles et de s'appliquer à restreindre le sens qu'on était naturellement tenté d'attribuer à leurs éloquents discours.

§ II. — Il faut attendre la Révolution de 1848 pour voir reparaître en France les ardentes proclamations en faveur de l'assistance légale et du droit au travail. La transformation de l'outillage industriel jointe à la crise commerciale qui sévit sur la France à cette époque favorise le développement des idées communistes dont Proudhon et Louis Blanc sont les apôtres les plus acharnés. C'est la guerre au capital et la lutte contre l'individualisme qui se préparent, et, après la chute de la Royauté, le Gouvernement provisoire se voit arracher le 26 février 1848 un décret par lequel il s'engage à « *garantir du travail à tous les citoyens* » et à rendre « aux ouvriers auxquels il appartient le million qui va « échoir de la liste civile ». — Il décide enfin, pour calmer l'effervescence ouvrière, « l'établissement immé-« diat d'*ateliers nationaux* ».

Le lamentable échec de ces ateliers nationaux, sur lequel nous aurons à revenir par la suite, devait être une preuve de la fausse voie dans laquelle s'était engagé le gouvernement provisoire. Le manque de main-d'œuvre et l'excès de bras, les fraudes innombrables qui s'y commettaient, le défaut de surveillance enfin sont autant de causes qui firent misérablement avorter l'œuvre téméraire de la Révolution de 1848. D'ailleurs, « les ateliers natio-« naux furent organisés sur une base hypocrite : on cacha « sous des dehors philanthropiques de détestables calculs « d'intérêts personnels et de combinaisons politiques. « On voulut faire croire au peuple que par ce moyen on « mettait en pratique le droit au travail et qu'on réali-« sait les théories de Louis Blanc, alors qu'on ne cher-« chait en réalité qu'à faire oublier la revendication et « à détruire le prestige d'un homme » (1).

De nos jours, diverses propositions de loi ont été faites visant à introduire en France la pratique de l'assistance légale ; ainsi, en 1887, M. Martin Nadaud essayait de faire admettre un projet d'assistance légale ; en 1894, M. Michelin déposait à la Chambre des députés une proposition de loi ayant pour objet l'allocation d'un secours immédiat à tout nécessiteux ; on trouve dans l'exposé des motifs ces paroles : « Il faut au plus vite prendre les mesures nécessaires pour assurer le droit à l'existence... La collectivité n'a pas le droit de laisser périr un de ses membres faute de lui venir en aide... Il faut que la loi

(1) Leroy. *L'Assistance par le travail*, page 225.

édicte le principe du droit à l'existence, et qu'elle pose les bases de son organisation ».

Ce n'est pas seulement de l'esprit de quelques hommes que surgit de temps à autre l'idée du droit à l'existence ; les assemblées des théoriciens et des philanthropes les plus éminents et les plus éclairés n'échappent guère à la hantise de l'assistance obligatoire et légale. Ce sont en effet les idées qui ont été exprimées et les vœux qui ont été formulés par les Congrès de Rome en 1885 et d'Anvers en 1890.

N'oublions pas au reste que si la France n'a pas inscrit dans sa législation le droit au travail, elle a néanmoins établi une assistance légale en faveur des enfants trouvés et orphelins depuis la Révolution de 89, en faveur des aliénés depuis la loi du 30 Juin 1838, et enfin récemment en faveur des indigents malades depuis la loi du 15 juillet 1893. Nous sommes donc sur la voie de la reconnaissance du droit à l'existence ; mais en dehors des cas que nous venons de citer, l'assistance chez nous est seulement une assistance officielle, et le devoir qui en est la base est exclusivement moral et facultatif. Est-il à souhaiter que l'État en vienne à prendre à sa charge l'obligation de secourir les citoyens valides en leur fournissant du travail ? L'exemple de l'Angleterre et même celui de l'Allemagne (1) doit-il être pris comme modèle ? Nous ne le croyons

(1) Le prince de Bismarck défendait le droit au travail en ces termes dans la séance du Reichstag du 9 mai 1894 : « Je reconnais absolument le droit au travail et je le défendrai aussi longtemps que je serai à cette place… N'est-il pas justifié par tout l'ensemble de nos insti-

pas, car l'assistance légale mérite un certain nombre de reproches et ils s'appliquent d'autant mieux à la question de l'indigence valide que le cas peut devenir fort répandu et tout-à-fait dépendant de l'individu, alors que les causes d'assistance légale inscrites dans nos lois sur les enfants trouvés, les aliénés et les malades, ne présentent pas au contraire les inconvénients de s'appliquer à une catégorie de souffrances provenant de la volonté ou de l'indifférence individuelle.

Organiser l'assistance obligatoire vis-à-vis du pauvre valide c'est tout d'abord développer la paresse et l'imprévoyance ; l'activité individuelle serait sinon éteinte, du moins fort refroidie et l'Etat pourrait finalement succomber sous le poids d'un aussi lourd fardeau, car si l'industrie libre ne peut rémunérer l'ouvrier, comment le salaire fourni par le gouvernement amènerait-il donc un prix rémunérateur ? Si la loi autorise l'indigent à compter sur l'aide des pouvoirs publics, celui-ci n'aurait-il pas tort de chercher à assurer par lui-même son avenir et celui de sa famille ; la loi du moindre effort reste le principe de la vie de l'individu (1) ; à quoi lui servirait d'épargner e même de produire quand le travail fourni par ses semblables suffit à son existence ? Alors c'est le sentiment de

« tutions sociales qu'un homme qui s'adresse à ses concitoyens en
« disant : je suis bien portant et désireux de travailler, mais je ne trouve
« pas de travail, soit autorisé à ajouter : donnez-moi du travail, et que
« l'Etat ait le devoir de lui en donner ? »
(1) On connaît le fameux refrain des mineurs de Newcastle :

> Hang sorrow, Cast away care.
> The parish is bound for ever !

l'honneur et de la responsabilité, base de l'activité et du progrès humain, qui disparaît.

« La misère, — dit Louis Blanc dans son *Organisation du travail,* — est horrible, prolifique : la fécondité des « pauvres jette dans la société des malheureux qui ont besoin « de travailler et ne trouvent pas de travail ; arrivée là, « une société n'a plus qu'à choisir entre tuer les pauvres « ou les nourrir gratuitement. » Alors en effet que dans les classes aisées, à l'abri du besoin, le nombre des enfants tend plutôt à diminuer, la classe pauvre augmente au contraire avec une rapidité dangereuse, nullement inquiète du sort de ceux auxquels elle transmet sa qualité d'assistée.

« Quand on ne donne pas le salaire, a dit Stuart Mill, « en vue de l'ouvrage dont on a besoin, mais l'ouvrage en « vue d'assurer le salaire à ceux qui en ont besoin, on « peut être certain que le travail ne vaudra pas le prix « qu'il a coûté. L'assistance aux travailleurs demeure « donc seulement un devoir moral et général de l'État. » S'imagine-t-on l'État procurant du travail au commerçant, à l'avocat ? Comment créerait-il des emplois ou continuerait-il une production, au moment où le chômage vient précisément de révéler l'excès des marchandises ? Lorsque le gouvernement apporte du travail à l'ouvrier, ce travail ne peut être soldé qu'aux dépens du travail payé par le contribuable.

Ainsi, aussi bien au point de vue du travailleur, qu'au point de vue du travail, le système de l'assistance légale ne mérite guère d'encouragement. La négligence de l'assisté, sa mauvaise volonté, le genre d'ouvrage à lui fournir, le contrôle difficile, les revendications hautement réclamées seront autant d'obstacles à l'institution du procédé.

En cela nous ne saurions qu'approuver ces mots de Malthus : « Dire qu'il faudra fournir de l'ouvrage à tous « ceux qui en manquent, c'est vraiment dire en d'autres « termes que les forces destinées au travail dans un pays « sont infinies, que, sans égard aux ressources, le pouvoir « de donner de l'ouvrage doit rester absolument le même; « cette assertion renferme cette proposition absurde « qu'un territoire limité peut nourrir une population illi- « mitée. »

Écoutons encore ce que dit Bastiat à ce sujet (1).

« Je ne vois pas que la société puisse éviter ces maux en « proclamant le droit au travail, en décrétant que l'État « prendra sur les capitaux insuffisants de quoi fournir du « travail à ceux qui en manquent. C'est agir comme cet « homme simple qui voulant remplir un tonneau, puisait par « dessous de quoi verser par dessus.... De tels expédients ne « sont pas seulement inefficaces, ils sont essentiellement « nuisibles. » Et, s'élevant contre l'ingérance de l'État dans le domaine de l'assistance, il ajoute: « L'État ne « déplace pas seulement les capitaux, il retient une partie « de ceux auxquels il touche et trouble l'action de ceux « auxquels il ne touche pas. La nouvelle distribution des « salaires est moins équitable que celle à laquelle prési-

---

(1) Bastiat, *Lettre à Lamartine sur le Droit au Travail.*

« dait la liberté, et ne se proportionne pas comme celle-ci
« aux justes droits de la capacité et de la moralité. La
« liberté apporte les remèdes les plus efficaces et les
« moins douloureux; elle agit pour empêcher que l'équi-
« libre entre les hommes et les subsistances soit rompu,
« parce qu'elle laisse toute leur influence aux motifs
« qu'ont les hommes d'être moraux, actifs, tempérants et
« prévoyants ».

CHAPITRE IV

DE L'ASSISTANCE PAR LE TRAVAIL ORGANISÉE PAR LES POUVOIRS
PUBLICS. SES AVANTAGES ET SES INCONVÉNIENTS.

Entre les doctrines extrêmes de l'individualisme qui
repousse avec mépris du sein de la société ceux qui ne
peuvent lui rendre service, et du socialisme qui prétend
remettre entre les mains de l'État la charge de l'assistance et la lui imposer, il y a un juste milieu dont il
importe de ne pas se départir, selon nous. L'assistance
est une loi de solidarité, mais il y aurait de très réels dangers dans l'obligation pour la collectivité de la mettre en
pratique. L'individu n'a certes pas tout ce qu'il faut pour
agir sans l'aide de l'État, même en matière d'assistance
par le travail, mais nous pensons que l'individu peut faire
beaucoup par sa propre initiative, et il est à constater que,
depuis que l'assistance par le travail est devenue un objet
d'étude attentive et raisonnée, éloignée des passions politiques et poussée seulement par un ressort de philanthopie, ce sont des groupements d'individus, des associations
privées qui se sont mises à la pratiquer, contrairement à
ce que nous avions vu jusqu'alors.

C'est le motif de cet essor qu'il importe maintenant de
rechercher.

Autre chose est pour un gouvernement de dire à ses sujets : je m'impose le devoir de vous fournir du travail et vous reconnais le droit de m'en demander; — autre chose de leur dire : Lorsque vous manquerez de travail, vous trouverez auprès de moi un soutien qui vous aidera dans la mesure du possible à traverser la crise.

L'une et l'autre de ces affirmations mène sans doute à l'assistance fournie par l'Etat, mais la première implique l'assistance légale et le droit au travail dont nous venons de combattre l'institution; l'autre, au contraire, suppose seulement une assistance officielle, telle que nous la trouvons en France, en faveur des indigents. Dans ce dernier cas, nous n'avons pas à redouter les conséquences de l'imprévoyance individuelle et l'indifférence en quelque sorte systématique de l'assisté, car le secours que fournira l'Etat à l'individu valide en échange d'un travail conserve le caractère de libéralité, sans qu'il s'y mêle aucune idée d'obligation. En outre le travail ne saurait être qu'un ouvrage d'attente essentiellement provisoire; des précautions enfin devront être prises pour rémunérer ce travail au-dessous de sa valeur réelle, puisqu'il n'y a pas une entreprise mais une simple assistance, au lieu qu'avec le système du droit au travail, ce que réclamerait l'ouvrier, c'est un salaire qui fût l'équivalent de son travail et au moins aussi élevé que celui du travailleur libre.

Donc, sans adopter le système du droit au travail et de son organisation légale par le gouvernement, du moins peut-on concevoir que les pouvoirs publics instituent, comme le font des sociétés particulières, des établissements d'assistance, où le travail serait la condition *sine quâ non* du secours; nombreux sont les exemples de créations de cette nature où l'Etat, imité en cela par les collectivités administratives, telles que provinces, départements, communes ou districts, a tenté en y réussissant généralement, d'organiser l'assistance par le travail.

Quels ne sont cependant pas les nombreux arguments qu'on fait valoir parmi les individualistes pour enlever à l'Etat toute participation dans les questions sociales et réduire son intervention au strict nécessaire, quelquefois même au néant. L'Etat gendarme est le rêve des économistes libéraux, la puissance publique limitant son rôle actif à la protection et à la sécurité des citoyens, et se contentant pour le reste d'un rôle négatif puisqu'il laisse libre cours aux initiatives individuelles. On connaît la violente animosité de Spencer contre l'action gouvernementale. L'absence de l'intérêt personnel chez les agents de l'Etat, leur manque d'initiative qui entraîne fatalement la routine et constitue la négation du progrès, leur défaut de responsabilité, sans parler de la complication des services administratifs et de la lenteur de leur action, enfin l'abus possible de leur autorité sont autant d'hypothèses sur lesquelles on s'appuie pour combattre l'intervention générale de l'Etat dans le domaine économique. M. Leroy Beaulieu (1) ne pense pas différemment et s'élève énergiquement contre l'ingérence administrative.

(1) L'Etat moderne et ses fonctions.

Malheureusement l'échafaudage des théories individualistes s'écroule lorsqu'elles sont mises en présence des faits ; les reproches adressés à l'État ne tiennent plus devant la réalité ; on sait en effet que si l'on veut faire loyalement le procès de l'État organisateur des services, il faut établir la comparaison avec les collectivités privées, sociétés, associations, administrations particulières et non pas avec les individus pris personnellement, puisque, en somme, l'individu agit bien rarement d'une façon solitaire et que ce sont des collections d'individus qui sont en cause. Alors en mettant en parallèle les associations de particuliers et les collectivités administratives, on ne peut dire *a priori* que les unes soient plus défectueuses que les autres.

On oppose souvent aux assertions de Spencer la théorie de Michel Chevalier, dans laquelle celui-ci fait valoir, avec des exemples qui viennent justifier ses affirmations, qu'il n'existe aucun motif pour qu'une administration publique, réunion d'individus, agisse moins convenablement qu'une administration privée, groupement de particuliers. Bien plus, ajoute-t-il, « l'exécution par l'État admet un contrôle « actif et sévère, celui de l'opinion publique s'exprimant « par la voie de la presse. »

La moindre bévue dans l'administration publique prend aussitôt des proportions scandaleuses, et se répand sans tarder dans la foule, alors que les erreurs ou les méfaits des sociétés privées sont la plupart du temps ignorés.

Si l'État n'est pas un *mal nécessaire,* comme veut le

soutenir la doctrine individualiste, du moins ne faudrait-il pas le considérer comme une providence, appelée non seulement à tout réglementer mais encore à prendre partout la place de l'action individuelle ; la théorie physiocratique du *laissez faire* n'est pas, à notre avis, plus recommandable que celle du socialisme d'État qui élève au-dessus de tout le gouvernement en cherchant à étendre son domaine d'action de plus en plus.

Blüntschli a fort bien résumé de la façon suivante la notion qu'il faut se faire de l'État et ce qu'on devrait attendre de lui : « Le premier devoir de l'individu est dans le « développement de ses facultés ; de même l'État est un « être moral qui a pour mission de développer les forces « latentes de la nation, de provoquer l'éclosion de ses « facultés, ce qui implique en deux mots la conservation « et le progrès » (1).

Il ne faut pas oublier que c'est avec le concours de l'État et grâce à lui que l'individu a pu se débarrasser du joug oppressif de la féodalité; chacun d'eux a des droits, chacun d'eux a des devoirs et l'absolue liberté serait tout aussi pernicieuse que la règlementation à outrance; l'État et l'individu sont appelés à coexister, à vivre parallèlement en s'entraidant l'un l'autre. Mais il est vrai que la sphère de leur action n'est pas toujours complètement délimitée, et qu'il est difficile de soutenir *a priori* que certaines fonctions doivent être exercées par l'État ou les groupements politiques, d'autres par l'individu ou les groupe-

(1) Blüntschli, *Théorie de l'État*, p. 276.

ments sociaux. C'est ainsi que l'enseignement n'est pas un monopole étatique, que la police même peut appartenir à des associations privées, ainsi que nous le constatons encore aux États-Unis.

En somme « entre l'État et l'individu, il n'y a pas anta- « gonisme, mais coopération; les forces individuelles se « développent grâce à l'ordre créé par l'État, et leur puis- « sance d'expansion est secondée par l'impulsion qu'elles « en reçoivent..... Les développements de l'initiative pri- « vée, loin de rendre inutile l'action de l'État, lui fournis- « sent de plus nombreuses occasions de s'exercer. Les « attributions de l'État ne varient pas en raison inverse « mais en raison directe de l'activité économique géné- « rale » (1).

L'assistance est certes une des matières au sujet des- quelles l'intervention administrative a soulevé le plus d'ob- jections; mais il est inutile de nous arrêter à ces reproches d'ordre général et il importe d'examiner dès maintenant les critiques adressées spécialement à l'assistance par le travail lorsque l'État se mêle de l'organiser, pour en appré- cier le bien fondé.

Lorsque nous aurons parcouru l'histoire de l'assistance par le travail, nous verrons que, dans les siècles passés, la préoccupation capitale du législateur était plutôt de remédier à la plaie du vagabondage et de la mendicité que de procurer de l'ouvrage à l'ouvrier en chômage; les ateliers étaient bien plus des maisons de correction que

(1) Cauwès, *op. cit.*, I, p. 187.

des établissements d'assistance, et c'est ce qui explique
l'échec des gouvernements dans leur œuvre d'initiative
autoritaire. Nous verrons aussi qu'il ne faut pas condamner
l'assistance par le travail organisée par l'État et se prononcer sur la valeur du système d'après les résultats des ateliers nationaux de 1848, expérience qui se trouvait d'avance
condamnée à l'insuccès, en raison des événements politiques; il n'y a là qu'un incident de notre vie sociale, dont
il serait dangereux de tirer argument.

En conséquence, envisigeant la question sans parti pris
et abstraction faite des expériences tentées dans le passé,
voyons en quoi l'État serait plus malhabile que les particuliers à créer et à gérer des institutions d'assistance par
le travail.

Certaines objections consistent à critiquer la nature des
travaux que l'administration peut offrir à ses assistés. Ainsi,
à la suite de la grande enquête provoquée auprès des
Préfets par notre Ministre de l'Intérieur en 1895 sur la
question du vagabondage, de la mendicité et du chômage,
une circulaire du 23 février 1897 indiquait comme travaux à faire exécuter la construction des routes, les défri-
chements et reboisements, le curage des cours d'eau et le
cassage des pierres pour entretien des routes. Mais,
objecte-t-on, ces travaux ne peuvent convenir à tout le
personnel assisté, puisqu'ils nécessitent un certain degré
de force physique et d'habileté dont la moindre partie
seule est pourvue; ce qui explique que les œuvres privées
d'assistance fournissent un ouvrage essentiellement simple

comme la confection des petits fagots qui n'exige ni force ni apprentissage.

Il est certain que les travaux préconisés par la circulaire sont essentiellement du ressort administratif, et par suite fort naturel que les collectivités politiques leur donnent la préférence à tout autre genre d'ouvrage; mais pour ceux des assistés faibles et inhabiles aux travaux de cette espèce, rien n'empêcherait l'administration de fournir de petits travaux simples et sédentaires, en rapport avec leurs aptitudes.

En ce qui concerne les dépenses de direction, de contrôle que pourrait nécessiter l'organisation de ces chantiers, elles ne sont pas à faire entrer en ligne de compte; une petite quantité de personnel actif, intelligent et énergique suffirait à maintenir l'ordre, à faire régner la discipline et à veiller à la stricte exécution du travail dans les ateliers d'assistance. Ceux-ci ne devraient d'ailleurs jamais être assez spacieux pour recevoir à la fois un très grand nombre d'assistés ; mieux vaut multiplier les petits ateliers que s'attacher à la création de maisons ou de chantiers réunissant une agglomération de sans-travail, qui pourrait faire craindre, peut-être avec juste raison, la reconstitution des ateliers nationaux.

Ne nous arrêtons pas au vice qui consisterait dans l'incertitude et l'intermittence des travaux à accomplir ; nous répondrons que le manque de travail n'est pas perpétuel ; les travaux, tout aussi bien que le personnel, peuvent donc être occasionnels et provisoires. D'ailleurs la règle est que

le personnel puisse se renouveler fréquemment pour que
la place ne soit pas toujours occupée par les mêmes; et
d'autre part, il faut considérer que le chômage n'est pas
un état constant; c'est surtout à certaines périodes, comme
l'hiver et les mortes-saisons de certaines professions que
les sans-travail se rencontrent en grand nombre; aux
époques où ils sont peu nombreux, ne serait-il pas possible
de leur réserver quelque ouvrage d'attente?

Certaines municipalités emploient du reste des individus dont l'industrie privée ne pourrait utiliser les services.
La ville de Rouen employait ainsi il y a quelques années
des vieillards et des infirmes sans travail aux opérations
de voirie ; les médiocres résultats ainsi obtenus l'ont obligée à supprimer une partie de ce personnel, et les plus
valides conservés ont été adjoints aux cantonniers ; les
105 personnes encore actuellement occupées de cette façon
entraînent une dépense de 42.778 francs au budget municipal (1).

L'idée de spéculation commerciale apparaîtrait plus
aisément dans une institution publique, inspirée à un
moindre degré qu'une organisation privée par le sentiment
de la charité et le principe de la solidarité et du désintéressement. Mais la question de la concurrence faite à l'industrie privée par les maisons d'assistance officielles ne
serait à prendre en considération que si le gouvernement
ne prenait pas de précautions suffisantes pour parer à cet

(1) Renseignements extraits du Rapport de M. O. Marais président de
l'*Assist. par le travail*, de Rouen, au Congrès de 1900.

inconvénient. L'objection s'adresse d'ailleurs aussi bien aux ateliers publics qu'aux maisons organisées par des collectivités sociales ; cependant il faut reconnaître qu'elle est plus grave lorsqu'elle vise une collectivité politique qui se fait en quelque sorte entrepreneur de travail et peut produire à meilleur compte que l'industriel les objets de même nature ; c'est là un fait identique à celui qui se passe au sujet du travail exécuté dans les prisons.

Nous ne dirons que quelques mots d'une question que nous ne pouvons passer sous silence à propos de l'assistance publique par le travail ; c'est la question du chômage collectif et volontaire des travailleurs, *la grève*. Si les ouvriers d'un établissement industriel se mettent en grève, l'assistance par le travail doit-elle leur venir en aide en attendant la reprise de l'ouvrage ? Le problème, qui a déjà eu l'occasion de se poser, serait d'une exceptionnelle gravité au cas où ce seraient des ateliers administrés par les pouvoirs publics qui s'ouvriraient aux chômeurs ; c'est, nous le croyons, avec une certaine raison que l'on critiquerait alors l'action du gouvernement dont les ateliers donneraient aux ouvriers la faculté de continuer la grève sans avoir à en souffrir, et dont l'assistance ainsi pratiquée pourrait bien constituer une intervention illicite dans le conflit entre patrons et ouvriers.

Le point du débat sur lequel les adversaires de l'assistance officielle peuvent reprendre plus aisément l'avantage sur ses partisans est, à notre avis, la question qui a trait aux habitudes centralisatrices, aux formalités lentes et infinies, aux règlements plus ou moins uniformes qui sont comme un des apanages des administrations publiques. La variété des œuvres d'assistance par le travail atteste la nécessité d'une différenciation à faire entre les assistés. A l'infinie complexité des misères à soulager, il faut des remèdes divers et des ressources souvent considérables que l'État ne pourrait parfois réunir qu'avec difficulté et appliquerait peut-être sans discernement. La charité n'aime pas l'uniformité ; la souplesse qui doit être une de ses premières qualités serait-elle aisément obtenue avec un organisme officiel ? Comme l'a dit Victor Cousin, la charité ne connaît ni règle ni limite ; elle surpasse toute obligation et sa beauté est précisément dans sa liberté.

Enfin, nous avons dit que l'objectif principal de l'assistance par le travail pour être appliquée avec intelligence et profit devait être la recherche du placement des personnes secourues; or l'initiative des pouvoirs publics ne semble pas de nature à remplir efficacement une tâche aussi délicate, dont l'accomplissement exige un sacrifice et un dévouement qu'il serait sans doute difficile de demander à des fonctionnaires rétribués d'une administration publique. « Il nous semble salutaire, — pouvons-nous répéter avec « un philanthrope moderne, — et d'un bon exemple social « que la main qui s'offre à l'assisté pour le soutenir dans « sa détresse soit celle d'un ami apportant d'une façon « toute désintéressée son secours et son appui » (1).

(1) Congrès précité. Rapport de M. O Marais, président de l'*Assistance par le travail* de Rouen.

Rechercher au milieu de la foule des misérables ceux qui sont susceptibles de relèvement, recueillir les épaves de la société qui sont encore capables d'être sauvées, pour les rendre au travail dans les conditions normales de l'existence, c'est là une œuvre délicate qui exige une initiative et un dévouement personnels, où la charité privée peut mettre, comme elle en a l'habitude, toute son action et toute sa force. A tous les malheureux qui dans un moment de détresse et de découragement viennent s'adresser à l'assistance par le travail, « ce qu'il faut « ce n'est pas une assistance bornée à quelques heures « de travail, c'est une aide effective et réelle pour sortir « de la misère; le régime et la nature de l'assistance qui « leur conviennent le mieux sont évidemment ceux qui « tendent à les relever, à les reclasser, à en refaire de « *l'énergie sociale,* en un mot à les placer où à les repla- « cer dans le travail régulier... Le placement, ou, lorsque « ce mode de reclassement est à la fois possible et préfé- « rable, le rapatriement, devant être le complément et le « corollaire de toute assistance par le travail digne de ce « nom, il importe que l'œuvre s'emploie directement pour « y parvenir; elle doit s'intéresser à son patronné, cher- « cher à lui inspirer confiance, à relever son moral et à « lui donner l'espoir d'un avenir meilleur » (1).

L'assistance ne peut pas se passer de discernement, si elle ne veut pas faire métier de dupe et aggraver le mal

(1) Congrés précité, IV⁰ Section, Rapport de M. Trézel, Secrétaire du *Comité Central des Œuvres d'assistance par le travail* (p. 27 et 32).

qu'elle entend guérir. On s'expose à discréditer l'œuvre en recommandant des inconnus. Il importe que chaque individu soit étudié, qu'on puisse connaître son passé pour l'aider dans le présent et préparer efficacement son avenir. Les assistés doivent sentir qu'ils ne sont pas des ouvriers quelconques qui sont employés par un patron indifférent, mais bien des hommes malheureux auxquels d'autres hommes tendent une main secourable en obéissant au sentiment de solidarité.

Il est vrai que le placement des assistés n'est pas chose facile; d'abord ce sont en général des ouvriers médiocres, ensuite dans les maisons où on réussit à les faire entrer ils ne sont accueillis qu'avec méfiance par leurs camarades qui sont du métier. Le véritable placement ne consiste pas d'ailleurs à trouver à l'assisté une occupation purement temporaire. « Il n'est pas difficile de procurer du travail « comme homme de peine, garçon d'hôtel, femme de mé- « nage pour un jour ou deux; il est aussi très aisé de « compter comme placé celui qu'on adresse à tel indus- « triel ou tel commerçant sans d'ailleurs s'occuper de « savoir s'il sera admis. Ce qui est difficile, c'est de pro- « curer une place fixe, durable, et suffisamment rémunéra- « trice à un grand nombre des médiocres travailleurs qui « constituent la clientèle ordinaire des ateliers d'assistance; « c'est de faire une cure complète, d'opérer un relèvement « définitif » (1).

(1) Rapport de M. Bompard, au Conseil Municipal de Paris en 1893, n° 105, page 30.

Théoriquement l'initiative privée nous semble donc mieux placée que les pouvoirs publics pour faire donner à l'assistance par le travail tout ce qu'on est en droit d'attendre de ce mode de secours ; nous voyons la charité privée plus large et plus raisonnée, plus apte à organiser des ateliers de travail que les organes politiques ou administratifs, dont le public sera toujours disposé à critiquer les créations. Mais il faut encore se rendre compte, avant de formuler un jugement définitif sur la question qui fait l'objet de notre étude, des expériences qui ont été tentées dans notre pays autant qu'à l'étranger pour confier aux pouvoirs publics l'organisation et l'administration de l'assistance par le travail ; nous appuyant alors, d'une part, sur les principes que nous avons formulés, de l'autre, sur les faits du domaine pratique, nous pourrons porter en connaissance de cause une conclusion.

Néanmoins avant d'étudier les maisons officielles d'assistance par le travail qui existent actuellement, il n'est pas inutile de jeter un coup d'œil sur le passé pour savoir de quelle façon les pouvoirs publics ont envisagé la question avant nous ; cette matière va faire l'objet des chapitres suivants.

TROISIÈME PARTIE

L'ASSISTANCE PAR LE TRAVAIL AVANT LA PÉRIODE CONTEMPORAINE

Nous savons que l'assistance par le travail n'est pas chose nouvelle; que ce qui est nouveau aujourd'hui, c'est seulement l'idée d'avoir donné à ce genre de secours une véritable organisation systématique et raisonnée, que l'histoire ne nous a jamais révélée.

CHAPITRE I

L'ANTIQUITÉ.

Dans l'antiquité, nous ne trouvons guère que des rudiments d'assistance; il ne faut pas oublier le mépris de l'opinion publique vis à vis du travail. « *Pigrum et iners* « *videtur sudore acquirere quod possis sanguine pa-* « *rare* »; l'État antique n'était en effet organisé qu'en vue de la lutte extérieure; et la guerre comme moyen de s'enrichir était tenue beaucoup plus en honneur que tout autre mode d'enrichissement; cet avilissement de l'activité économique se justifie parce que l'infériorité sociale du travailleur rejaillit sur le travail lui-même; les esclaves seuls se livraient au travail pour les citoyens libres et c'eût été pour ceux-ci un déshonneur que de quitter les assises distinguées du Forum pour se livrer à des travaux manuels. Ainsi la société païenne, basée sur l'esclavage, considère le travail comme une chose servile, et cette sorte de coutume s'est longtemps maintenue dans les mœurs puisque, jusque sous Louis XIII, un gentilhomme ne pouvait sans déroger se livrer au commerce maritime.

Cependant, en Grèce, Aristote indique un remède à la pauvreté dans l'habitude du travail : Les classes élevées auront soin d'aider les pauvres et de les tourner toujours vers le travail (1). Des banques de prêts d'honneur (2) s'étaient également créées en Grèce pour avancer aux débiteurs des fonds qu'ils remboursaient sans intérêts une fois revenus à meilleure fortune. Mais l'usure faisait de grands ravages au point qu'on avait dû organiser des temples de refuge pour les débiteurs. Les sans-travail étaient en somme peu nombreux, l'esclavage servant en

----

(1) *Politique,* livre VI, chap. 1.
(2) Associations *d'éranistes.*

quelque sorte de palliatif à la misère ; aussi l'oisiveté était-elle sévèrement réprimée : Dracon édictait contre les oisifs la peine de mort ; Solon les faisait surveiller par l'aréopage.

Chez les Romains, le mépris du travail était absolu ; ne voit-on pas Auguste condamner à mort le sénateur Ovinius, coupable de diriger une manufacture ? La misère et l'usure se répandent dans l'empire romain et le seul remède au paupérisme apparaît dans les libéralités des Empereurs, qui se traduisent par l'assistance frumentaire, pour laquelle la loi *Terentia et Cassia* reconnaît au peuple un droit absolu. Au temps de César, on constate que 320.000 indigents (sur 450.000 habitants) sont inscrits à Rome sur l'*annona*, liste d'indigence ; mais l'appât de la popularité a beau encourager les ambitieux à distribuer largement des secours, les murmures du peuple s'élèvent toujours, réclamant *Panem et circenses* ! Et on sent qu'au milieu de ces prodigalités et de la pompe des spectacles, les acclamations qui saluaient l'empereur n'étaient qu'un cri de décadence et de servitude ; les distributions de blé, qui étaient en somme destinées à prévenir les révolutions et à calmer les masses populaires, ne faisaient que sanctionner la paresse en développant la misère générale.

CHAPITRE II.

LE MOYEN AGE ET LA MONARCHIE

Le christianisme, dont la philosophie et les principes révolutionnèrent le monde, réhabilita le travail méprisé par les sociétés antiques ; cette nouvelle religion regarde le travail comme la loi de l'humanité et Saint Paul disait : *Quoniam si quis non vult operari, non manducet.* Les Pères de l'Église se prononcent hautement contre l'assistance des paresseux et excluent des secours tous ceux qui, valides, ne veulent pas manger leur pain à la sueur de leur front. Qui donne à des vagabonds et à des gens débauchés jette son argent aux chiens, dit Saint Basile. « L'Église ne donne plus comme l'antiquité, des secours « indistinctement, mais en connaissance de cause ; elle « n'ignore pas le prix de la libéralité judicieuse qui ramène « l'espoir, ni le péril d'une charité faite légèrement, « semence de la mendicité ; elle enseigne la loi du travail « et ne couvre plus de ses largesses le scandale de la fai- « néantise errante » (1).

C'est sous l'empire de ces nouvelles idées philosophiques et religieuses que s'établit un grand courant de cha-

(1) Monnier, *Histoire de l'assistance*, p. 170.

rité raisonnée, et l'Église est soutenue par la législation païenne dans ses efforts pour secourir la misère. C'est ainsi que le Code théodosien (1) ordonne que tout mendiant non atteint d'infirmité sera condamné à perdre sa liberté; c'est ainsi que Justinien décide d'employer tout indigent valide à des travaux d'utilité publique; qu'enfin Trajan fonde en Italie une institution qui assiste les enfants des citoyens que leurs parents auraient vendus comme esclaves.

Il ne semble pas que les généreux principes du christianisme aient porté leurs fruits dans l'ancienne France, et ce qui frappe dans l'histoire de l'assistance des individus valides c'est la confusion que n'ont presque jamais évitée les pouvoirs publics entre les mendiants volontaires, chroniques, et les nécessiteux accidentels, traitant les uns et les autres généralement avec les mêmes moyens, alors que des remèdes différents doivent logiquement être appliqués aux paresseux d'une part, aux travailleurs de l'autre; ainsi les mesures appliquées aux sans-travail se sont trouvées être les mêmes que celles qui concernaient les vagabonds et mendiants les plus dangereux. La police et l'assistance ne sont pas séparées et les moyens employés sont le plus souvent des peines rigoureuses, de sorte que ces mesures sont plutôt des travaux forcés que des mesures d'assistance proprement dite; aussi ne nous arrêterons-nous dans ce rapide historique qu'à ceux de ces moyens qui se rattachent spécialement à l'assistance par le travail.

(1) Loi 11, titre 18.

Au début de notre histoire, les édits et ordonnances des rois visent surtout à interdire la charité pour obliger les valides au travail, mais sans donner les moyens propres à leur procurer de l'ouvrage ; en 1350, un édit du roi Jean oblige « les oiseux, truands et mendiants valids à prendre « du travail ou à sortir de Paris dans les 3 jours, sous « peine de prison pour la première fois, du pilori pour la « seconde, de la marque au fer chaud et du bannissement « pour la troisième ». En 1413 une ordonnance force les mendiants à « aller labourer ». Après la guerre de 100 ans, les habitants des campagnes, en émigrant, dans les villes donnent naissance à une classe de mendiants qui devient un danger pour la sécurité publique et commence à inquiéter le pouvoir ; d'où une multitude d'arrêts qui multipliaient les menaces et la répression, mais sans guère organiser d'assistance.

Le développement continu de la mendicité fait sentir la nécessité de nouveaux règlements qui, en venant au secours de la misère, enlèveront à l'indigent l'excuse du besoin, trop souvent présentée. Aussi François Ier, plus clairvoyant que ses prédécesseurs, après avoir décidé en 1536 que « ceux qui seront mendicans valides seront con- « trainets labourer et besongner pour gagner leur vie ; et « où l'on trouvera lesdits mendiants obstinez et ne vouloir « travailler à gagner leur vie, ils seront punis comme « devant, et outre par forban de leurs personnes à temps « ou à perpétuité » (1), ouvre par une déclaration du 16

(1) Ordonnance du 30 août 1536.

janvier 1545 des ateliers de travaux publics, enjoignant
« au prévôt des marchands et aux échevins de Paris
« d'employer ces pauvres gens aux œuvres publiques les
« plus nécessaires », telles que le nettoyage des rues et
le curage des égoûts.

En même temps était créé, par lettres patentes du
6 novembre 1544, le grand bureau des pauvres qui avait le
droit de lever une taxe d'aumône sur tous les habitants.

L'édit rendu par Henri II le 9 juillet 1547, ne fait que
confirmer les précédents ; mais toutes ces dispositions,
qui constituent pour l'époque un vrai progrès, ne sont
guère observées, car leur défaut de généralisation et leur
incohérence, joints à l'ingéniosité des mendiants, rendent
les réformes à peu près inefficaces ; c'est en vain que le
chancelier de l'Hospital rappelle les ordonnances anté-
rieures dans une nouvelle ordonnance de 1566. Les mendiants sont devenus un véritable ordre dans l'État ; ils
tiennent des assemblées et les officiers de police eux-
mêmes n'osent plus s'aventurer dans ces cours des miracles qui leur servent de repaire.

Louis XIII essaye d'un nouveau système, qui rappelle
assez le workhouse anglais ; devant l'insuccès des efforts
tentés pour ramener au travail les indigents, il décide de
les enfermer dans des établissements où ils devaient être
nourris et entretenus ; aux travaux publics, il substitue le
régime de l'internement dans ce qu'on appelait les *hôpitaux enfermés* ; le mandement du 27 août 1612 (1) ouvre

(1) « Désirant, dit-il, favoriser autant qu'il nous sera possible le sou-

ainsi un asile à tous les indigents et y organise pour les validés des travaux de secours qui consistent en ouvrages faciles (1). Mais ces établissements ne furent guère autre chose que des prisons et leur caractère exclusivement répressif devait faire hâter leur fermeture.

Si le système de l'internement fut à nouveau suivi sous le règne de Louis XIV, ce fut avec des idées plus larges qu'auparavant : le 7 mai 1656, un édit crée et organise en effet l'*Hôpital général* (2), à Paris. Cet établissement, constitué par la réunion des maisons de la Pitié, de Saint-Jean ou Bicêtre, de Saint-Denis ou la Salpêtrière, de la Savonnerie de Chaillot et de l'hôpital de Scipion, reçoit tous les indigents valides. C'est comme un vaste dépôt de mendicité, une maison de force où 6,000 pauvres des deux sexes peuvent être enfermés et obligés au travail sous la direction d'ouvriers venus des corporations.

Enfin ces dispositions étaient complétées par cette curieuse interdiction (article 17) « à toutes personnes « de quelque qualité et condition qu'elles fussent, de

« logement des vrays pauvres, et le chastiment des mauvais, et mandians valides, qui dérobent aux vrays nécessiteux le fruit de la charité de nos bons sujets. »

(1) « Seront lesdits pauvres enfermés et nourris le plus austèrement que faire se pourra pour ne les entretenir en leur oisiveté (article 7). — « Les hommes seront employés et travailleront à moudre du bled aux moulins à bras qui seront dressés dans les hôpitaux, brasser de la bière, scier des aix et battre du ciment et autres ouvrages pénibles (article 8). — Les femmes, filles et petits enfants au-dessous de 8 ans travailleront à filer, faire des bas d'estaine, boutons et aultres ouvrages dont n'y a point métier juré (article 9). »

(2) *Édit portant établissement de l'Hôpital général pour le remplacement des pauvres mendiants de la ville et faubourgs de Paris.*

« donner l'aumosne manuellement aux mendians, no-
« nobstant tout motif de compassion, nécessité pressante
« ou autre prétexte, à peine de 4 livres parisis d'amende
« (12 fr. 35) (1). »

Toutes ces dispositions devaient échouer, sans amener
aucun changement dans la condition des classes pauvres.
L'institution de l'Hôpital général ne devait pas tarder à
changer de nature; en effet, sans parler de la révolte des
indigents contre un secours dont leur liberté était le prix,
les corporations surtout s'émurent de la concurrence qui
leur était créée par cet établissement public et protes-
tèrent énergiquement contre l'obligation qui leur était
imposée d'accepter comme ouvriers les apprentis qui
avaient été formés par l'Hôpital général. Dans une requête
adressée par les artisans au Parlement, on lit « qu'il n'y a
« pas présentement assez d'ouvrages pour ce grand nom-
« bre d'ouvriers; de telle sorte que la plupart des mais-
« tres des mestiers, bien loin de tenir eux-mêmes boutique,
« ne trouvent pas d'employ en qualité de compagnons et
« *viennent se ranger dans l'Hôpital général et augmenter*
« *le nombre des pauvres au lieu de les soulager* (2). »

L'Hôpital général ne devait pas avoir une bien longue
durée; devant les plaintes réitérées des corporations, le
travail y fut supprimé et l'établissement devint finalement
un refuge pour les vieillards, les incurables et les infirmes.

Cependant, la misère ne cessait de s'accroître dans le
royaume malgré toutes les précautions utilisées pour lui

(1) Monnier. *Histoire de l'Assistance*, page 348.
(2) Monnier. *Op. cit.*,, p. 365.

venir en aide; un édit de juin 1662 étend bien aux provinces la création d'hôpitaux semblables à l'Hôpital général afin d'y recevoir les valides et de leur fournir du travail pour éviter l'affluence des indigents à Paris; mais le gouvernement ne semblait pas se rendre compte que la famine sévissait partout et que, ruinées, les provinces se trouvaient dans l'impossibilité de pourvoir à l'exécution de l'ordonnance royale; le projet était donc irréalisable et dut, faute de ressources, être abandonné.

Il ne faut pas s'étonner d'entendre Vauban accuser dans sa Dîme Royale un chiffre de 100 mendiants sur 1000 habitants à la fin du XVIIe siècle; la misère devenait de jour en jour une plaie sociale toujours plus envahissante contre laquelle le pouvoir est impuissant; ni l'essai de transportation aux colonies tenté en 1719, ni la déclaration du 18 juillet 1724 enjoignant aux mendiants valides de travailler ne réussissent à arrêter le fléau.

Il faut attendre le ministère de Turgot pour voir prendre de nouvelles mesures en faveur des indigents valides; et cette fois ce seront des dispositions plus intelligentes et plus raisonnées que toutes les précédentes. Ses *ateliers de charité*, dont il fit d'abord l'expérience pendant qu'il était intendant en 1761, dans la généralité de Limoges, et dont il fit ensuite une application étendue lorsqu'il vint au pouvoir, sont un des plus intéressants essais de l'ancien régime en matière d'assistance par le travail. Comprenant que devant la misère des paysans et les sourds mécontentements des habitants des villes, il y avait lieu de parer avant tout à cette triste situation, Turgot décide l'organisation de travaux de secours dans les campagnes, afin d'éloigner des centres urbains la foule des sans-travail qui y devenait un danger menaçant. Il publie le 2 mai 1775 une « *Instruction pour l'établissement et la régie des ate-* « *liers de charité dans les campagnes* », pour les indigents valides, qui, dit-il, ont besoin de salaires; 44 articles concernant la conduite et la direction des travaux, la police des ateliers, la distribution des tâches et le paiement des ouvriers. Après avoir fait appel à la charité privée pour la formation de ces travaux de secours et devant l'insuffisance de celle-ci, il examine les conditions dans lesquelles pourront être organisés les travaux publics, et « comme « le but est de procurer des secours aux personnes qui ont « les plus grands besoins avec le moins de moyens pour y « subvenir, il est indispensable d'y admettre toutes celles « qui sont en état de travailler, hommes, femmes, vieillards « et jusqu'aux enfants » (1).

C'était de l'assistance bien comprise; aussi voyons-nous, par exemple, pour la construction des routes, les plus valides des travailleurs occupés aux ouvrages de force, tandis que les femmes et les enfants, munis de paniers pour porter des pierres, sont ainsi utilisés comme auxiliaires avec avantage.

Il y eut ainsi 463.000 francs de salaires distribués dans les ateliers de charité ; malheureusement la Révolution allait bouleverser entièrement tout le système de Turgot pour lui substituer un régime dont les inconvénients ne tardèrent pas à se révéler.

(1) Turgot. *Constitution des ateliers de secours*, p. 455.

CHAPITRE III

LA RÉVOLUTION

Nous avons parlé déjà (1) des proclamations un peu téméraires du Comité de mendicité institué par l'Assemblée Constituante et la reconnaissance du droit au travail qu'elle eut le tort, comme nous allons le voir, d'appliquer d'une manière inconsidérée; car elle ne se contenta pas d'une simple déclaration platonique comme celle que fera plus tard la Convention; elle n'hésita pas à mettre en pratique la théorie qu'elle avait avancée, sans envisager les conséquences qu'elle pouvait entraîner.

Déjà, par un décret du 2 décembre 1788, le gouvernement avait été obligé d'assurer la subsistance d'une multitude de sans-travail en ouvrant des chantiers de terrassement pendant l'hiver de 1788-1789, sous la direction de la municipalité parisienne. C'est ainsi que furent organisés sur plusieurs points de la capitale, des chantiers de travaux publics, où étaient admis tous les ouvriers, avec un salaire qui pouvait aller jusqu'à un maximum de 18 sols.

C'est alors par bandes que les ouvriers sans travail de la province se rendent à Paris; aux chantiers de Montmartre

(1) Voir *supra*, pages 53 et suiv.

les 18.000 travailleurs, la plupart du temps d'ailleurs inoccupés, commencent à faire craindre une révolte ; les esprits s'alarment, souvent à juste titre, car aux alentours des chantiers on constate journellement des déprédations et des pillages qui motivent de nombreuses arrestations. Un décret du 17 août 1789 prescrit le renvoi de tous les individus étrangers à Paris avec 24 sols comme secours, plus un subside de route de 3 sols par lieue. La dissolution totale de l'atelier de Montmartre est finalement décidée le 31 août et elle s'opère sans aucun trouble sérieux.

« Malheureusement, cette mesure, dont on attendait les
« meilleurs effets, eut un résultat diamétralement opposé
« et donna lieu à de véritables abus. Les ouvriers sans
« travail renvoyés dans leurs provinces, non seulement
« revenaient à Paris, mais encore ramenaient avec eux
« d'autres ouvriers alléchés par ces avantages » (1). De telle sorte qu'au mois de novembre 1789, le gouvernement se vit obligé d'ouvrir de nouveaux ateliers de secours, dans lesquels il essaya de remédier aux abus précédents par des dispositions sévères : le règlement décidait que chaque atelier ne comprendrait que 200 personnes, formant 2 divisions de 100 personnes, sous la surveillance d'un contrôleur et la conduite d'un chef, de deux sous-chefs et de 2 piqueurs: en outre il était interdit aux ouvriers de « jouer aux cartes, au petit palet, à la banque et tous

(1) Tuétey. *L'assistance à Paris pendant la Révolution.* — Introduduction, page CXLVI.

« autres jeux, enfin de vaguer dans les terres ensemencées
« et dans les vignes ». Ces dispositions prouvent suffisamment le désordre qui régnait dans ces ateliers, le peu
d'obéissance des ouvriers.

Sur ces entrefaites, un décret de l'Assemblée nationale
du 22 décembre 1789 vient confier aux administrations
de département le soulagement des pauvres, la police des
mendiants, l'inspection des établissements et ateliers de
charité ; et le 30 mai 1790 est prescrite une réorganisa
tion de ces ateliers destinés aux « pauvres domiciliés dans
« Paris ou étrangers à la ville de Paris, mais Français ».
Ils ne devront plus comprendre que 20 hommes; désormais, les valides y seront payés à la tâche, et seuls les
moins valides pourront être payés à la journée.

C'est par un règlement du 24 septembre 1790 que le
décret du 30 mai reçoit son application dans la ville de
Paris ; mais le nouveau régime appliqué aux travaux de
secours ne devait pas amener de résultats plus favorables
que l'ancien ; tout d'abord, c'est le travail qui fait défaut ;
on ne trouve pas facilement une occupation à donner à
tous les chômeurs, puis la discipline est toujours absente;
comment d'ailleurs en eût-il été autrement dans ces chantiers dont la direction était confiée à des individus que
recommandaient seuls les services rendus par eux à la
Révolution !

Le nombre d'ouvriers employés à ces travaux ne cessait de s'accroître et c'est un total de 27.000 inscriptions
que dénotent les rapports du mois d'octobre 1790; les

abus se multiplient et M. Smith, chargé de la comptabilité des ateliers de secours, considère avec terreur l'énormité des dépenses, envisageant amèrement « l'augmentation « des ouvriers admis aux ateliers, sans que l'on exige « d'eux aucune espèce de travail et *dont une grande par-* « *tie ne se présente que le samedi pour recevoir le salaire* « qu'elle n'a pas mérité, le nombre effrayant de cette « multitude attirée par la fainéantise et son impunité, le « paiement des inspecteurs chefs, inspecteurs généraux, « contrôleurs, celui de 30 commis, le tout montant à « environ 40.000 livres par mois » (1).

L'expérience avait suffisamment duré ; toutes les mesures avaient été vaines et à la suite des remontrances de l'autorité publique, les ouvriers se répandent dans les campagnes, en semant l'insurrection sur leur passage ; c'était la chute des ateliers de secours.

C'est en vain que le Comité de mendicité cherche un moyen pour sauver la situation ; et sa ressource suprême est de décider la suppression des ateliers dans une séance du 16 décembre 1790, après un rapport de son président La Rochefoucauld-Liancourt, qui avait déclaré que « les « ateliers ont le funeste effet d'entretenir les ouvriers dans « la dangereuse opinion que le gouvernement doit les « débarrasser du soin et de la prévoyance nécessaires « pour chercher du travail ».

La mesure radicale prise à l'égard des ateliers de

(1) Lettre de M. Smith, chargé de la comptabilité des ateliers, à M. Dufresne, directeur du Trésor.

secours ne devait malheureusement pas constituer encore
une solution, car l'activité économique était partout anéan-
tie, le travail faisait défaut dans l'industrie privée où
auraient pu se replacer les clients des ateliers publics ;
aussi les réclamations des ouvriers sont-elles incessantes ;
il faut signaler entre autres une pétition des ouvriers des
travaux publics du département de Paris à l'Assemblée
nationale, à l'effet d'obtenir le retrait du décret qui fixe
l'époque de la cessation des ateliers de charité.

La résolution de l'Assemblée nationale n'en était pas
moins maintenue, et ce fut seulement pour éviter une
trop forte crise que furent alors créés quelques ateliers
dans les provinces, auxquelles fut accordée dans ce but
une somme de 15 millions.

Avant d'en terminer avec l'histoire de l'assistance par
le travail pendant la période révolutionnaire, il nous reste
à dire quelques mots des travaux de secours qui furent
employés pour les femmes sans travail.

En même temps que s'ouvraient les chantiers de secours
pour les hommes, un décret du 30 mai 1890 avait organisé des *ateliers de filature*, réservés aux femmes et aux
enfants de moins de 16 ans, ainsi qu'aux vieillards ayant
au moins six mois de domicile à Paris. Trois ateliers de
filature furent ainsi créés, qui prirent les noms des Récol-
lets, des Jacobins, de Ste-Geneviève et, plus tard, le bureau
de la filature des pauvres vint compléter l'institution.

« Dès l'origine, le fonctionnement des ateliers souleva de

« grosses difficultés. Comme ces établissements étaient
« réservés aux femmes et aux enfants au-dessous de
« 16 ans, le département des travaux publics fit faire le
« relevé des enfants occupés aux ateliers de terrasse pour
« les envoyer aux ateliers de filature, et prévint M. de
« Jussieu, chargé de la direction du département des hôpi-
« taux, que ces enfants étaient au nombre de 700.
« Celui-ci objecta dans sa réponse que ces enfants ne
« consentiraient probablement pas à recevoir le modique
« salaire de 3 sols comme apprentis après avoir touché
« la paye de 20 sols comme terrassiers... D'un autre côté
« le lieutenant de maire au département de police expé-
« diait aux ateliers de filature de jeunes détenus pour les
« y occuper, sans se rendre compte que ces mauvais
« sujets, habitués à une vie errante et vagabonde ne
« resteraient pas dans les ateliers ou y introduiraient un
« élément de désordre » (1).

Aux vices que présentait dès son début la nouvelle institution, allait venir s'en ajouter un autre, qui n'était pas
de moindre importance ; en effet depuis la création des
ateliers de filature, les ateliers privés avaient été abandonnés ; et c'est en foule que se présentaient les femmes
et les vieillards dans les filatures publiques où les avantages étaient fort appréciables. Un arrêté dut intervenir
le 5 octobre 1790, qui décida que le prix du travail serait
toujours inférieur à celui des travaux de même nature
dans les fabriques particulières, et que les ouvriers qui

____

(1) Tuétey, *op. cit.* Introd., page CLXV.

avaient abandonné leurs patrons et seraient réclamés, seraient exclus des ateliers, comme tous ceux qui, possédant des moyens d'existence, avaient induit en erreur les comités.

Bien que les ateliers de filature n'aient guère été soumis à un meilleur régime que les chantiers de secours, et que la discipline n'y ait guère été mieux observée, il faut néanmoins reconnaître que « tandis que les ateliers « de charité constituaient à peu près une perte sèche « pour l'Etat, eu égard au peu d'utilité des travaux « entrepris, par contre les ateliers de filature produi- « saient des ouvrages dont la vente compensait dans « une certaine mesure les sacrifices faits par le gouver- « nement. C'est ainsi que M. Le Camus, l'un des admi- « nistrateurs du département des établissements publics, « versa au Trésor le 3 avril 1791 une somme de 80.388 « livres, montant de la vente d'ouvrages fabriqués dans « les ateliers ; le 8 juin suivant, une nouvelle vente pro- « duisit 35.000 livres ; le 17 avril M. Le Camus annon- « çait un nouveau versement de 25.000 livres » (1).

Les ateliers de filature, comme les ateliers de secours, eurent une durée éphémère ; les défauts qui se révélè- rent bientôt dans leur fonctionnement ne tardèrent pas à en imposer la fermeture.

Telle est l'œuvre de la période révolutionnaire au point de vue de l'assistance des valides ; le gouverne- ment fit de considérables dépenses pour l'application de

(1) Tuétey, *op. cit.* Introd., page CLXIX.

ce droit au travail qui le hantait ; mais ses protagonistes purent constater non seulement le peu de profit qu'il fallait en espérer, mais aussi les complications, les difficultés grosses de conséquences qu'il devait susciter. Le droit au travail était abandonné pour longtemps, car les proclamations de la Convention, et le décret du 24 vendémiaire an II (15 octobre 1793) ne devaient pas sortir du domaine des principes.

CHAPITRE IV.

L'EMPIRE ET LE DÉPOT DE MENDICITÉ.

Napoléon 1er que les questions d'administration intérieure de l'Empire préoccupaient tout autant que les opérations de guerre qu'il était allé diriger en Espagne, écrivait de ce pays le 2 septembre 1807 à Crétet, ministre de l'Intérieur, une lettre attestant l'intérêt qu'il portait aux questions d'assistance et où il s'exprimait ainsi : « Tout mendiant sera arrêté, mais l'arrêter pour le « mettre en prison serait barbare ou absurde ; il ne faut « l'arrêter que *pour lui apprendre à gagner sa vie par* « *le travail;* il faut donc créer une ou plusieurs maisons « de charité par département ».

Et quelques mois plus tard, un décret portant la date du 5 juillet 1808, décidait que la mendicité était défendue et que les mendiants seraient « traduits dans le *dépôt de mendicité* du département » .

Tel est le nom donné aux nouveaux établissements que Napoléon se proposait d'instituer pour combattre le paupérisme.

Le dépôt de mendicité n'était pas en réalité chose

absolument nouvelle ; il avait été créé par une déclaration royale du 2 août 1764, complétée par un arrêt du Conseil du 21 septembre 1767 ; puis sa suppression avait été décidée par un décret du 24 vendémiaire an II. Le mérite de Napoléon est d'avoir réorganisé les dépôts de mendicité sur de nouvelles bases, en vue d'en faire des établissements où l'assistance devait prévenir la répression. Dans la pensée de son auteur, le dépôt de mendicité devait servir d'asile à tout indigent qui, en échange d'un travail facile, y recevrait la subsistance. « La bienfai- « sance, — disait le ministre Crétet, — y tempèrera la « contrainte par la douceur, maintiendra la discipline « par l'affection et ramènera au travail en réveillant le « sentiment d'une honte salutaire ». (1).

Des termes mêmes du décret de 1808 il résulte que tous les individus sans travail devaient se rendre au dépôt pour y être secourus ; c'était là moins une mesure de police qu'un moyen d'assistance ; du moment qu'on interdisait la mendicité, il était nécessaire qu'on donnât au mendiant la faculté de trouver un refuge lui évitant de tendre la main. Et pour ne pas voir revivre dans ces dépôts les hôpitaux du moyen-âge, Napoléon cherche à y introduire le travail obligatoire. Le règlement organique s'exprime ainsi : « Les mendiants qui refuseront de travailler seront placés « dans des salles de discipline. Le préfet statuera sur le « prix de la journée dû aux travailleurs ; les deux tiers

(1) Exposé de la situation de l'Empire, à l'ouverture de la session 1808-1809).

« de ce prix seront acquis à l'établissement ; l'autre tiers
« sera mis en réserve pour être remis à l'indigent quand
« il sortira. La fabrication des étoffes, la filature de la
« laine, du coton, du chanvre, du lin et la couture feront
« partie des travaux les plus ordinaires de l'établis-
« sement. »

Ainsi, dans la pensée de Napoléon, le dépôt de mendicité ne devait être autre chose qu'un établissement d'assistance par le travail, destiné à abriter les indigents en
échange de travail. Malheureusement, le personnel auquel
le dépôt était affecté comprenait deux catégories d'individus dont le contact ne pouvait donner que de mauvais
résultats : si, en effet, tout indigent était tenu de se rendre
au dépôt de mendicité, c'était de force qu'on y conduisait
celui qui s'obstinait à solliciter la charité publique au lieu
de se conformer aux prescriptions de l'autorité ; d'où un
mélange d'individus paresseux et travailleurs, reclus volontaires poussés au dépôt par manque de travail, et gens
sans aveu, rebelles à toute discipline.

Dès l'inauguration de la nouvelle institution, de mauvais
principes y sont donc mis en œuvre. Mais la déchéance
qui menace déjà le dépôt de mendicité à son origine
devait encore aller en s'aggravant dans la suite. Déjà, en
1810, le Code pénal modifie le décret de 1808, en portant
un nouveau coup à l'institution : « Toute personne, dit
« l'article 274, qui aura été trouvée mendiant dans un
« lieu pour lequel il existera un établissement public
« organisé afin d'obvier à la mendicité, sera punie de 3

« à 6 mois d'emprisonnement, et sera après l'expiration
» de sa peine, *conduite au dépôt de mendicité*. » Et
l'article 275 complète cette disposition en ajoutant que
« dans les lieux où il n'existe point de semblable établis-
« sement, les mendiants d'habitude valides, seront punis
» de 1 à 3 mois d'emprisonnement. »

Ainsi voilà le dépôt de mendicité qui reçoit une seconde
destination, celle de maison d'internement pour les mendiants condamnés, après l'expiration de leur peine. Cela
ne pouvait avoir que de déplorables conséquences ; con-
fondant non plus seulement le mendiant d'habitude et
l'honnête ouvrier sans travail, mais venant encore joindre
à eux des individus dégradés par la comparution devant
la justice et le séjour dans la prison, ces dispositions du
Code pénal ne pouvaient qu'éloigner du dépôt tous les
vrais malheureux valides, sans aucunement diminuer le
nombre des mendiants.

Aussi, s'il se trouve dans les dépôts de mendicité quelques honnêtes gens qui s'y rendent pour être en règle avec
la loi, ceux-là ne sont pas des valides, mais des malades
et des infirmes, qui sont heureux de trouver un refuge
pendant la mauvaise saison ; et on peut dire qu'à peu près
partout les dépôts de mendicité se sont transformés en
hôpitaux pour les incurables et en hospices pour les vieillards.

Bien plus, une circulaire de l'année 1812 avait déjà
supprimé l'entrée volontaire au dépôt ; une autre de 1817,
permettait même aux départements de demander la sup-

pression de leurs établissements, témoignage du peu de crédit dont ils jouissaient déjà au commencement du xixᵉ siècle.

On ne voit pas d'ailleurs au juste quelle pouvait être l'utilité des dépôts alors qu'ils étaient si disséminés sur le territoire; aussitôt après le décret de 1808, il y eut 37 dépôts ouverts; c'était déjà bien peu; aujourd'hui, il n'y en a plus que 28, soit en moyenne 1 pour 5 départements (1).

Au reste, le dépôt de mendicité n'est plus aujourd'hui qu'une maison de répression, une annexe de la prison pour les mendiants libérés, et en même temps une maison d'assistance pour les vieillards et les invalides. Ceux-ci. qui en constituent le plus fort contingent consomment sans produire, et quant aux autres, le produit de leur travail ne rapporte pas même le tiers de leur consommation.

Voilà ce que sont devenus les dépôts de mendicité, et voilà ce qu'ils étaient déjà il y a près de 100 ans. Dans la pensée de Napoléon, l'Assistance devait, nous l'avons dit, être organisée en même temps que la répresion; il est incompréhensible en effet que la loi frappe le malheureux avant de l'avoir mis à même d'éviter la rigueur du Code,

(1) Il est vrai que certains départements ont traité avec des départements voisins pour se mettre en règle avec l'article 274 du Code pénal ; mais n'y a-t-il pas lieu de s'étonner en voyant l'Ille-et-Vilaine traitant avec l'Aisne pour le dépôt de Montreuil-sous-Laon ; le Morbihan avec le Loiret pour le dépôt de Beaugency ! — Il reste, en somme, 36 départements qui n'ont absolument rien fait pour remédier à la mendicité.

en prévenant la répression souvent inique par un système d'assistance. A quoi bon interdir la mendicité, si avant tout on ne cherche pas à la prévenir. Ce n'est pas l'idée qui fait défaut, mais c'est l'application du principe excellent en lui-même. Là où existe un dépôt de mendicité, son affectation est entièrement différente de celle qu'a voulu lui donner la loi. Quel encouragement au travail et au retour à la vie régulièrement laborieuse que l'entrée volontaire au dépôt, où l'indigent sans travail rencontre d'anciens prisonniers, dont l'internement, au lieu de corriger la paresse, a avili le caractère; quel voisinage pour l'individu valide que ces vieillards, infirmes et malades qui forment aujourd'hui comme la base de ces établissements !

C'est ce caractère mixte qui a compromis, dès son origine, l'institution du dépôt de mendicité; il ne pourra donner des preuves de son utilité sociale que du jour où l'on aura pris soin d'y séparer absolument les ouvriers sans ouvrage, ayant le désir de reconquérir leur place par le travail, de tous les autres qui pourront y être reçus. D'ailleurs le vagabondage et la mendicité ne sauraient eux-mêmes être considérés comme délits; la société a d'abord le devoir de proposer du travail à ceux qui ont bien soin de n'en pas réclamer pour vivre dans une oisiveté aussi néfaste pour eux que pour leurs concitoyens; et lorsque des moyens plus réels auront été pris pour mettre tout le monde à même de travailler, ce jour-là la mendicité sera inexcusable et les tribunaux auront le devoir de sévir. Alors, on ne risquera plus de confier à la prison un certain nombre de malheureux, momentanément privés de moyens d'existence, et dont la place eût été dans la maison d'assistance et non dans celle de la répression.

C'est vers une réforme de cette nature que se tournent depuis quelques années les efforts des philanthropes et les études des législateurs. Nous aurons à revenir sur cette question plus loin (1); mais en terminant le présent chapitre, nous croyons indispensable de le compléter en disant que si la question n'a pas encore reçu une solution générale et uniforme, du moins certains dépôts ont été sérieusement améliorés et ont été rendus à la destination qui leur est due. Les dépôts de Nanterre et de Villers-Cotterets, appartenant au département de la Seine, sont parmi les plus rationnellement organisés; à Villers-Cotterets, il existe environ 250 hospitalisés qui sont employés aux travaux intérieurs avec un salaire variant de 10 à 30 francs par mois; les autres sont occupés à des travaux de cordonnerie, brosserie, et les femmes à la couture. A Nanterre, le salaire des assistés est divisé en deux parties, dont une moitié pour l'administration et l'autre remise à l'hospitalisé, moins une retenue qui lui est réservée pour sa sortie.

Il convient enfin de signaler le dépôt de mendicité de Courville (Eure-et-Loir), qui, depuis un décret du 21 octobre 1897, est un dépôt modèle, organisé sur les bases du décret de 1808, sur l'initiative de M. Deschanel, député; il comprend un quartier d'assistance par le travail, entiè-

____

(1) Voir ci-dessous page 132 et suiv.

rement isolé des autres quartiers réservés à l'hospitalisation d'invalides et à la répression. Tous les indigents valides momentanément sans ouvrage sont admis provisoirement soit par le Préfet, soit par le Directeur. L'admission définitive n'est prononcée qu'au bout de 10 jours par le Préfet, en considération des informations recueillies sur le compte des postulants et de leurs dispositions ; ils doivent s'engager au reste à accomplir les tâches prescrites, jusqu'au jour où ils auront pu trouver une situation ou acquérir un pécule convenable (1).

(1) Dans le courant de l'année 1898, le quartier d'assistance a reçu 274 travailleurs volontaires, parmi lesquels 218 sont sortis après avoir trouvé de l'ouvrage. — La dépense moyenne d'un assisté a été de 0 fr.92 pour les travaux agricoles et 0 fr. 72 pour les travaux industriels.

CHAPITRE V

Les ateliers nationaux de 1848

En parlant précédemment de la théorie du droit au travail, défendue pendant les Révolutions de 1789 et de 1848 (1) nous avons dit qu'à la date du 26 février 1848, le Gouvernement Provisoire s'était vu arracher un décret, dans lequel il s'engageait à garantir du travail à tous les ouvriers. Tous les travaux publics interrompus par les émeutes allaient être en effet repris et de nouveaux chantiers ouverts pour procurer de l'ouvrage à tous les ouvriers sans travail.

L'empressement mis à l'organisation des travaux à Paris fut beaucoup plus grand qu'en province, au point que les chantiers parisiens furent rapidement envahis par des ouvriers venant de tous les coins de la province, et au mois de mars 1848, on comptait à Paris jusqu'à 17.000 individus aux portes des chantiers, qui ne pouvaient guère en utiliser que 4 ou 5.000.

Le règlement des ateliers nationaux décidait que nul ne pourrait y être admis au-dessous de 16 ans. Les tra-

(1) Voir ci-dessus, page 57.

vailleurs étaient groupés par brigades de 56 hommes ; 4 brigades formaient une lieu'enance et quatre lieutenances une compagnie. Un chef de service se trouvait à la tête de trois compagnies et enfin un chef d'arrondissement avait sous ses ordres tous les chefs de service d'un même arrondissement.

Malgré ces mesures prises pour l'organisation des ateliers nationaux, leur fonctionnement fut dès le commencement et resta jusqu'à leur dissolution absolument défectueux. Plusieurs causes contribuèrent au reste à cet insuccès.

En ce qui concerne le travail lui-même, partout il manquait ; on ne trouvait pas suffisamment d'ouvrage pour la foule des ouvriers qui arrivaient des départements toujours plus nombreux, et cependant il était impossible de leur refuser l'admission aux chantiers, car c'eût été méconnaître le droit au travail que le Gouvernement venait de proclamer.

Aussi fallut-il prendre un moyen terme, qui consistait à ne faire travailler les ouvriers qu'un certain nombre de jours par semaine : les jours d'activité le salaire était de 2 francs pour les ouvriers et de 3 francs pour les chefs de brigades ; les jours d'inactivité, le salaire était de 1 franc pour les ouvriers et de 2 francs pour les chefs de brigades. Une telle organisation ne pouvait être que des plus dangereuses pour le gouvernement ; payer tous ces individus, même lorsqu'ils ne faisaient rien, c'était encourager leur paresse et leur inertie, en soulevant les plus justes réclamations des travailleurs de l'industrie privée, auxquels il arrivait fréquemment d'abandonner leur établissement pour se faire embaucher dans les ateliers nationaux, lesquels, pour donner un moindre profit, n'en étaient pas moins plus avantageux, puisqu'ils admettaient et même favorisaient l'oisiveté.

Le contrôle du travail et des ouvriers n'était pas moins défectueux; partout les chefs d'ateliers hésitent à maintenir la discipline par crainte d'émeutes; les inspecteurs eux-mêmes sont impuissants à réaliser un meilleur fonctionnement; à la suite d'une enquête prescrite au mois de juin, on constate que les doubles et fausses inscriptions sont en si grand nombre qu'elles s'élèvent à 119.000, alors qu'en réalité on ne peut relever qu'un nombre de 105.000 travailleurs.

La situation ne pouvait se prolonger longtemps; malgré les changements de directeurs (1), malgré les nouveaux emplois créés pour des travaux de cordonnerie et de confection de vêtements destinés aux clients des ateliers, les abus continuaient, menaçants chaque jour davantage.

L'assemblée nationale, « considérant que le travail des « ateliers est devenu improductif, que son maintien dans « les conditions actuelles est en contradiction avec une « bonne administration de la fortune publique, avec le « retour de l'ordre et la reprise des opérations industriel-« les ou commerciales », se décidait enfin à prendre

(1) La Direction avait d'abord été confiée à M. Thomas, puis au mois de juin à M. Lalanne.

ombrage de l'état de choses et, le 4 juin 1848, un décret commençait à réagir en décidant que le travail à la journée serait remplacé par le travail à la tâche et que les ouvriers habitant le Département depuis moins de 3 mois seraient renvoyés chez eux avec une indemnité.

Quelques jours plus tard, le 21 juin, un arrêté du Ministre des travaux publics ordonnait aux individus de moins de 25 ans occupés dans les ateliers de contracter un engagement dans l'armée ou d'aller chercher du travail en province ou dans l'industrie privée.

C'était la dissolution définitive; le Gouvernement vota l'ouverture d'un crédit de 3 millions pour indemnité aux ouvriers sans travail et les ateliers nationaux disparurent, soulevant dans leur chute la terrible insurrection des 24-27 juin 1848.

L'essai d'assistance agricole faite quelques mois plus tard en Algérie où furent envoyés 36,000 ouvriers sans travail ne réussit guère mieux à sauver ces malheureux de la misère, car l'idée, fort intéressante en elle-même, se trouva viciée dans son principe par suite des sentiments des colons ainsi dirigés en Algérie, qui se considérèrent comme devant être entièrement à la charge de l'État et comme ayant droit non au travail, mais à l'oisiveté, avec l'assurance de leur installation et de leur entretien par le Gouvernement.

Pour la seconde fois, l'institution d'ateliers d'assistance organisés par l'État avait échoué. L'intention des créateurs des ateliers nationaux n'était rien moins que généreuse ;

créés dans un moment où le travail se trouvait un peu partout interrompu dans les ateliers privés, les ateliers nationaux pouvaient rendre les plus grands services à la classe ouvrière ; mais l'institution fut compromise par le caractère politique qu'elle prit rapidement ; au lieu de considérer ces chantiers comme un remède passager au mal, dont on ne doit user qu'avec modération, aucune précaution ne fut prise pour l'admission, aucune pour les salaires, et le travail, but de l'institution, devint la moindre préoccupation de ces soi-disant travailleurs.

« On ne peut pas s'appuyer sur les ateliers de 1848 pour dire que l'organisation de travaux de secours en temps de crise est impossible, puisque ce qui caractérise cette néfaste expérience est la négligence apportée par l'administration à déterminer les travaux qui auraient pu être exécutés. Et il serait aussi injuste de ne pas mentionner une autre cause d'inévitables difficultés ; nous voulons parler de ces époques troublées où les passions, les haines politiques et les rivalités ont dû peser d'un si grand poids sur les actes de ceux qui détenaient une portion de l'autorité, surtout de certains corps administratifs, qui faisaient une sourde opposition à tout ce qui n'émanait pas d'eux (1). »

Pour longtemps les pouvoirs publics devaient abandonner l'assistance par le travail, et laisser à l'initiative privée le soin de réussir là où ils avaient échoué.

(1) Office du travail. Documents sur la question du chômage, p. 7.

QUATRIÈME PARTIE

L'ŒUVRE ACTUELLE DES POUVOIRS PUBLICS EN FRANCE.

CHAPITRE I. — *Organisation directe de l'assistance par le travail par les pouvoirs publics.*

CHAPITRE II. — *De l'aide apportée par les institutions administratives aux œuvres privées d'assistance par le travail. Relations entre elles.*

Nous venons de voir les efforts tentés par les gouvernements successifs dans notre pays pour organiser une assistance par le travail, et nous avons dit que, si le législateur a jusqu'ici échoué dans son initiative, c'est parce qu'il était trop porté à faire une confusion dangereuse entre le mendiant habituel et l'ouvrier en chômage; c'est un des mérites du XIXᵉ siècle et surtout de ces dernières années d'avoir compris la distinction nécessaire entre les deux catégories, et d'avoir aperçu que le salut des malheureux de bonne volonté était seulement à ce prix. En même temps l'administration s'effaçait de plus en plus pour laisser le terrain libre à l'efflorescence de la charité privée, qui a pris de nos jours un développement considérable en organisant sur des bases rationnelles et éclairées l'assistance par le travail. A l'heure actuelle la France compte 60 œuvres d'assistance par le travail dont 27 sont situées à Paris, presque toutes créées depuis une dizaine d'années grâce à l'influence salutaire du *Comité central* des œuvres fondé en 1891 pour la vulgarisation de l'assistance par le travail.

La plupart diffèrent dans leur organisation et leur fonctionnement, tout en conservant le principe fondamental de la substitution à l'aumône du secours donné seulement après accomplissement d'une tâche destinée tant à prouver la bonne volonté de l'assisté qu'à lui éviter l'avilissement et la dépression dont l'aumône est la source.

Néanmoins, si les pouvoirs publics ont aujourd'hui généralement chez nous cédé la place à l'initiative privée, en constatant le succès des tentatives de celle-ci là où ils avaient échoué autrefois, ce n'est pas à dire qu'ils se soient désintéressés de la question ; d'une part en effet les collectivités secondaires (départements et surtout communes) ont voulu à leur tour ouvrir des établissements d'assistance par le travail assis sur des principes plus méthodiques et plus éclairés que ceux qui avaient présidé à l'organisation des anciens ateliers officiels de 1789 et de 1848; d'autre part l'administration s'efforce de relier ses organismes aux institutions privées pour les seconder et leur prêter son appui souvent indispensable. Nous allons successivement considérer ces deux états de la question : d'abord les pouvoirs publics organisant directement l'assistance ; puis les pouvoirs publics se mettant en relations avec les sociétés privées d'assistance par le travail.

CHAPITRE I

ORGANISATION DIRECTE DE L'ASSISTANCE PAR LE TRAVAIL
PAR LES POUVOIRS PUBLICS.

Dans ce premier chapitre, diverses questions vont atti-
rer notre attention : nous aurons à parler tout d'abord
des établissements actuels d'assistance créés et gérés par
les collectivités politiques municipales et départementales ;
nous aurons ensuite à examiner les projets de loi actuels
qui ont pour objet de créer des établissements de ce genre
sur toute l'étendue du territoire ; et enfin nous verrons
comment l'administration concourt encore directement,
quoique d'une manière secondaire à l'assistance des
indigents valides pour les aider à se procurer du travail.
Nous n'aurons pas à nous occuper de l'Etat lui-même,
envisagé comme unité politique et administrative ; avec
juste raison, pensons-nous, l'Etat n'a pas, de nos jours,
entrepris l'organisation d'institutions de ce genre ; suivant les paroles prononcées par M. Deschanel, député et
membre du conseil général d'Eure-et-Loir, dans la séance
de cette assemblée du août 1895, « les maisons de travail,
« pour réussir, doivent être restreintes ; l'exiguité est une

« condition de moralisation ; or, seules, l'initiative indi-
« viduelle et les communes peuvent faire petit. L'État fait
« toujours grand : de là les grosses agglomérations et les
« vices qui en découlent ; et il fait tout à grands frais ».

SECTION I. — **Établissements d'assistance par le travail
organisés par les municipalités. Étude spéciale des
établissements de la Ville de Paris.**

Il y a déjà de longues années que des communes ont
pris l'habitude d'organiser des travaux de secours en cas
de chômage, tels que le nettoyage des rues et la construction des routes. On cherche, d'une part, à les rendre tem-
poraires, de l'autre à exiger pour l'admission une certaine durée de domicile de secours. Au reste, voici les
recommandations faites à ce sujet par le Conseil supé-
rieur du Travail, et reproduites dans une circulaire du
ministre de l'Intérieur, qui porte la date du 23 février
1897 : « Les travaux entrepris doivent être des travaux
d'utilité générale, mais non urgents, pouvant être ajour-
nés et repris sans préjudice de leur bonne exécution :
construction et entretien de routes et chemins, défriche-
ments, labourage à la bêche, reboisements, curage de
cours d'eaux ».

« Pour éviter l'encombrement des chantiers par les
ouvriers des localités voisines, exiger une durée déterminée de domicile dans la commune.

« Donner autant que possible la préférence au travail

à la tâche, avec une ferme discipline et une grande vigilance, ayant pour but de prévenir les abus qui se glissent aisément dans les chantiers de cette nature.

« Laisser à l'ouvrier le temps de chercher du travail dans l'industrie privée, et pour cela n'ouvrir les chantiers de secours que 6 ou 8 heures par jour, ou ne faire travailler que par périodes de 3, 4 ou 6 jours....

« Les communes doivent éviter, dans la mesure du possible, d'entreprendre des travaux publics importants, lorsque les travaux particuliers sont très actifs; il est préférable qu'elles réservent leur exécution pour les périodes de ralentissement des travaux privés » (1).

Ces sages conseils ont été souvent suivis, mais certes pas encore suffisamment; déjà au cours de la période de 1890 à 1895, il existait 114 communes ayant plus de 100.000 fr. de revenus, qui avaient organisé des secours contre le chômage, et qui avaient ainsi dépensé un total de 4.903.749 fr.

Certaines communes ont aujourd'hui installé des établissements d'assistance par le travail d'une manière durable. A Nancy, le bureau de bienfaisance a créé un atelier d'assistance; à Paris le bureau de bienfaisance du dix-huitième arrondissement a agi de la même façon.

L'enquête faite en 1895 par les soins de l'office du travail nous fait connaître que, à cette époque, dans 22 départements, aucune commune n'avait organisé d'assistance

----

(1) Extrait de la circulaire du Ministre de l'Intérieur du 23 février 1897 (*Bulletin du Ministère de l'Intérieur de* 1897, page 67).

par le travail; dans les autres, 155 villes avaient établi des travaux de secours soit seulement pendant l'hiver pour employer les ouvriers âgés ou infirmes à l'enlèvement des neiges et des glaces, soit en toute saison pour des travaux publics, tels que la construction de chemins, le cassage de pierres, etc... Nous citerons entre autres l'atelier de charité qui fonctionne à *Bourg* depuis 30 ans pendant l'hiver; l'emploi d'ouvriers sans travail à *Saintes,* où le salaire varie de 1 fr. 50 à 3 fr. 50 par journée de 8 heures. A *Saint-Brieuc,* la municipalité occupe en hiver à l'entretien des rues et aux travaux neufs de voirie des ouvriers de tous les corps de métiers qui ont à Saint-Brieuc une résidence d'au moins deux ans; le salaire qui n'est environ que de 1 fr. 50 évite ainsi toute concurrence à l'industrie privée, où il est en moyenne de deux francs. La même organisation se retrouve à *Vitré*; les patrons obligés de renvoyer leurs ouvriers pendant la morte-saison sont très heureux de les voir occupés par la ville, tout en restant à leur disposition. Dans la Marne, la crise de l'industrie lainière oblige la ville de *Reims* à étendre les travaux de secours, où sont admis les individus n'ayant pas plus de 60 ans et présentant un certificat qui constate le renvoi d'un atelier par manque d'ouvrage, l'insuffisance de ressources personnelles et une résidence de deux ans; les travaux, exécutés à la tâche, ne sont jamais payés plus de 2 fr. 25 par jour (1).

(1) Extrait des *Annales des Assemblées départementales de* 1890, page 178.

La municipalité parisienne se signale par la création de divers établissements de même nature, organisés avec méthode sur le modèle des œuvres privées, et qui méritent de retenir tout spécialement notre attention.

A côté des institutions dirigées par l'administration de l'Assistance publique, la Ville de Paris a tenu à créer elle-même et à gérer directement un certain nombre d'établissements, visant à soulager plus particulièrement l'indigence en l'assistant au moyen du travail.

Dans des ateliers différents, la ville assiste la femme et l'homme; l'un et l'autre sont efficacement secourus dans ces maisons, dont l'organisation administrative n'exclut pas les qualités de dévouement et d'assistance morale qui sont la fin même de l'assistance par le travail.

I. — *Établissements spéciaux aux femmes.*

En ce qui concerne les femmes, deux établissements municipaux s'occupent spécialement de leur procurer de l'ouvrage :

1º *L'asile Georges Sand,* inauguré en 1894, est situé 3, rue de Stendhal; c'est surtout un refuge de nuit où sont admises toutes les femmes qui s'y présentent avec leurs filles et même avec leurs enfants masculins, à condition que ceux-ci n'aient pas plus de 10 ans.

Les soins hygiéniques sont appliqués rigoureusement à toute nouvelle arrivante; le bain, la désinfection des vête-

ments sont en effet des précautions sanitaires essentielles
à l'égard de cette population fréquentant la maison.

La durée du séjour est de trois nuits; néanmoins pendant le jour, les hospitalisées travaillent, pour le service de
l'établissement, au ménage, au lavage du linge, à la cui-
sine, etc.

A proprement parler, l'asile Georges Sand n'est pas un
établissement de travail, mais un refuge de nuit; cependant les hospitalisées dont la situation est jugée particulièrement digne d'intérêt sont aidées par un petit secours
en argent et la directrice a charge de s'occuper de leur
placement et de leur rapatriement. C'est ainsi que depuis
sa fondation l'asile a placé plus de 1800 femmes dans des
maisons particulières et rapatrié 159 femmes dans leur
pays d'origine.

2º Après cet établissement en quelque sorte de premier
secours, la femme qui n'a pu être placée n'est pas pour
cela abandonnée. Si elle n'a pas de travail, elle est dirigée
sur un autre établissement, le *Refuge-ouvroir Pauline
Roland*, 35, rue Fessart, véritable atelier d'assistance par
le travail, où il lui est donné un ouvrage en rapport avec
ses aptitudes et ses forces.

Ici nous nous trouvons en présence d'une admirable
organisation de l'assistance en faveur de la femme, ration-
nelle et systématique, nous allons voir comment.

Toute femme valide, et qui n'est atteinte d'aucune
maladie, peut entrer au refuge, après un séjour à l'asile
Georges Sand, où elle a été soumise aux soins sanitaires
et à la visite médicale obligatoires.

Au Refuge, la femme est nourrie et logée à condition qu'elle exécute le travail qui lui est offert.

Et pour compléter cette assistance, les enfants sont admis en même temps que la mère, la fille à tout âge et le garçon jusqu'à 8 ans. Pour les femmes, 157 lits ; pour les enfants 24 lits et 19 berceaux pour les nourrissons.

Une sage-femme s'occupe spécialement, sous la surveillance du médecin de l'asile, des soins à donner aux plus jeunes pour que la mère puisse travailler sans inquiétude.

A partir de 3 ans, les enfants sont instruits dans l'école maternelle annexée à l'établissement, où l'enseignement leur est donné par une des hospitalisées choisie parmi les plus instruites.

Enfin à partir de 12 ans, les filles sont occupées à l'ouvroir, où elles aident leur mère.

Au point de vue du travail, l'asile fut d'abord un atelier de couture où étaient confectionnés les vêtements nécessaires à l'établissement, et une buanderie pour les femmes ne sachant coudre, qui assuraient le blanchissage de la maison. Aucun salaire n'était alloué, mais les femmes pouvaient sortir un certain nombre d'heures par jour pour se chercher une place ; ce système, en raison des inconvénients pratiques qu'il avait créés, fut modifié en 1892, et aujourd'hui la sortie n'est permise qu'en cas de nécessité absolue. L'atelier de couture a été agrandi, et la buanderie munie d'appareils perfectionnés, qui permettent d'assurer le blanchissage du linge de tous les établissements charitables de la ville (piscines, étuves, ambulances, asiles, refuges, etc.) En échange du travail imposé, l'hospitalisée reçoit, outre le logement et la nourriture, une rémunération variant de 0,20 à 0,60 par jour, pécule qu'elle ne touche qu'à sa sortie et qui lui permet de vivre en attendant qu'elle ait retrouvé une occupation régulière.

Enfin l'asile ne borne pas à cette assistance temporaire sa mission bienfaisante; il cherche à procurer un travail définitif à toutes celles qui sont dignes d'être aidées. Pour faciliter ce placement, des rapports constants sont entretenus avec les bureaux municipaux de placement gratuits, avec les services des hôpitaux qui ont besoin d'infirmières ou de nourrices, avec les particuliers qui cherchent des domestiques.

Le tableau suivant nous donne le résultat accompli par l'œuvre pendant les 3 dernières années à ce point de vue.

ANNÉES	PLACÉES	RAPATRIÉES	SORTIES volontairement	EXPULSÉES
1897	497	9	127	35
1898	334	8	85	16
1899	352	5	37	20

Le refuge cherche donc en définitive à recueillir la

femme privée de travail sans dissoudre les liens de la famille, et sans abandonner celle qu'il a secouru provisoirement; son but est de relever l'énergie et le courage des malheureuses dont la volonté a besoin d'être soutenue pour éviter l'entraînement du chômage et de l'oisiveté.

Enfin nous ne parlons que pour mémoire de l'*Asile municipal Michelet* qui vient si heureusement compléter l'assistance de la femme indigente sur le point d'être mère en lui assurant tous les soins que nécessite sa situation et où un travail d'ailleurs facultatif lui permet de se constituer un petit pécule pour sa sortie de l'établissement.

II. — *Etablissements spéciaux aux hommes.*

L'assistance accordée aux hommes ne saurait présenter la même diversité que l'assistance donnée aux femmes ; tandis que pour celles-ci les moyens de secours doivent être adaptés aux situations inhérentes à leur sexe, afin d'être d'une réelle utilité, pour l'homme il importe avant tout de lui procurer un abri et un travail temporaire qui lui permette en cas de besoin d'attendre l'ouvrage qui fait défaut, et qu'on l'aide à trouver dans la mesure du possible.

1º *Refuges.* — C'est ce qui explique que les deux établissements créés et régis dans ce but par l'administration municipale sont avant tout des asiles de nuit réservés aux malheureux sans domicile. Le *Refuge Benoit-Malon*, 107, quai de Valmy, inauguré en 1887 et le *Refuge Nicolas-Flamel*, 67, rue du Château des Rentiers, ouvert en 1889, reçoivent les indigents pendant 3 nuits consécutives. Ceux qui le désirent sont employés, d'ailleurs sans rémunération, à la corvée du refuge ; mais en échange de ce service, l'hospitalisation leur est prolongée pendant 15 jours, après lesquels on leur accorde trois nuits supplémentaires pour leur permettre de chercher du travail pendant le jour.

Enfin, comme dans les refuges de femmes, les plus intéressants des assistés reçoivent un petit pécule et l'administration cherche à les placer et à les rapatrier.

Depuis l'année 1893, le refuge Nicolas-Flamel a organisé dans ses bâtiments des ateliers d'assistance par le travail. Tout d'abord, le travail ne consista que dans la fabrication des ligots résineux ; travail facile, ne nécessitant aucune dépense musculaire et permettant par là-même d'employer les assistés de tout âge en leur donnant une rétribution immédiate. Les ligots ne sont pas livrés à la consommation, mais exclusivement employés dans les établissements municipaux. En présence des heureux résultats obtenus par ce premier atelier d'assistance, la Ville de Paris n'hésita pas à étendre l'application du travail ; c'est ainsi qu'en 1895 fut ouvert un atelier pour confection et réfection des matelas destinés à fournir les établissements charitables municipaux ; qu'en 1896 on inaugura une menuiserie où sont

confectionnés les meubles simples nécessaires à ces
mêmes maisons ; puis un atelier de tailleurs, chargé de
la confection et de la réparation des vêtements des hospitalisés eux-mêmes et des employés du refuge, des étuves
et des piscines municipales ; enfin en 1899 un dernier
atelier, où le poussier de charbon est transformé en briquettes qui sont brûlées dans les générateurs à vapeur
des étuves.

Le tableau suivant donne quelques indications statis-
tiques sur quelques catégories d'ouvriers et sur le travail
effectué par eux depuis l'année 1894.

PROFESSIONS	NOMBRE D'ASSISTÉS	NOMBRE DE Journées de travail	RÉMUNÉRATIONS		PLACEMENTS
Menuisiers	1.717	13.162	23.860 fr.		34
Tailleurs	691	8.238	12.510 » 50		4
Peintres	510	5 770	11.067 » 25		15
Serruriers	398	3.460	6.531 » 50		9
Maçons	389	4 613	8.137 » 50		5
Jardiniers	227	2.833	5.275 » »		6
Plombiers	92	883	1.550 » 50		3
Paveurs	83	1.050	2.107 » 50		3
Tapissiers	82	358	1.230 » »		2
Matelassiers	78	1.178	1.058 » »		»

Enfin l'administration emploie quelques-uns des assistés
à la désinfection du marché de la Villette, où ils sont
payés jusqu'à 5 francs par jour.

III. — *Colonie agricole de La Chalmelle.*

La Ville de Paris complète enfin fort heureusement son système d'assistance par le travail au moyen d'un établissement qui a pour but de ramener au travail de la terre les nombreux ouvriers agricoles tombés dans la misère; c'est dans cette intention qu'elle a créé en 1892 dans l'arrondissement d'Epernay (Marne) la colonie d'assistance agricole de *La Chalmelle*, constituée à peu près sur le modèle des colonies agricoles de Hollande sur lesquelles nous aurons l'occasion de revenir.

La colonie de La Chalmelle est une ferme prise en location de l'administration de l'Assistance publique qui l'avait abandonnée depuis des années, au milieu d'un sol argileux, imperméable; c'est parmi ces bâtiments délabrés, parmi ces marécages qu'elle s'est tant bien que mal organisée tout d'abord, et qu'elle donne aujourd'hui les meilleurs résultats au point de vue de l'assistance agricole.

Le but du Conseil municipal de Paris a été de ramener au travail régulier de la terre les ouvriers venus de la campagne vers la ville avec l'illusion d'un salaire plus élevé, d'une existence plus facile, et bientôt anéantis par le découragement et la misère.

Dès l'abord on avait eu l'intention de recueillir dans la colonie les sans-travail valides, habitant Paris depuis 3 ans au moins et sans limiter la durée de leur séjour.

Mais ce système dut être abandonné parce qu'il eût établi des colons sédentaires qui auraient empêché le renouvellement des assistés, et parce que l'obligation trop longue de résidence à Paris eût privé de nombreux indigents de l'assistance de la colonie.

Aujourd'hui l'admission est plus largement pratiquée ; peut être reçu après une rapide enquête sur ses antécédents et sa moralité tout indigent ayant des notions de travail agricole, pourvu qu'il n'ait pas dépassé l'âge de 45 ans; enfin il faut être veuf ou célibataire, la Colonie ne recevant pas de femmes; il importe d'ailleurs que des règles assez sévères président à l'admission à la colonie, qui « ne doit être ni une école d'agriculture destinée à « enseigner le travail des champs à des hommes qui ne « l'auraient jamais pratiqué, ni une école de réformation « pour les mendiants, les vagabonds et les paresseux » (1).

A cette condition seulement, un établissement de ce genre peut servir utilement la cause de l'assistance par le travail; néanmoins quelques sans-travail intéressants sont admis avec les anciens ouvriers agricoles, s'ils sont reconnus capables de seconder utilement ceux-ci ; c'est ainsi que de l'année 1892, date de la création, à l'année 1900, la colonie a admis 850 individus, dont 700 pour la première fois, qui se répartissaient ainsi : 520 ayant un métier se rattachant à l'agriculture, et 180 d'autres professions. Jusqu'à présent tous les colons ont été adressés à

____

(1) Rapport de M. Bompard, au Conseil municipal de Paris 1896, n° 100 (page 2).

La Chalmelle par les refuges municipaux de la Ville de
Paris dont nous avons parlé et quelques-uns par les œuvres
privées d'assistance par le travail. Il est vrai que la colonie
n'a pu recevoir que 25 assistés à la fois à raison de l'exi-
guïté des bâtiments; mais des travaux d'agrandissement
en cours vont lui permettre de porter à 60 le nombre des
secourus.

Le travail des colons consiste dans tous les genres d'ouvrages agricoles, depuis la culture proprement dite et
l'horticulture jusqu'à l'élevage des animaux de ferme; un
personnel salarié, qui comprend 1 directeur, 2 garçons,
1 maître charretier, 1 maître jardinier, 1 forgeron,
1 menuisier et 1 vacher, sert à diriger et à surveiller le
travail des assistés; il faut ajouter enfin que le vête-
ment (1), le coucher et un salaire journalier de 0 fr. 50
sont alloués au colon; en outre les frais du transport de
Paris à La Chalmelle sont à la charge de la Ville de
Paris (2).

La colonie de La Chalmelle ne se borne pas seulement à
assister temporairement les ouvriers agricoles tombés
dans la misère ; son but, qu'elle poursuit sans relâche,
grâce à l'activité de son directeur, M. Malet, est de rendre
définitivement au travail des champs ceux qui l'ont quitté,
attirés vers la ville par de chimériques espérances ; ce

(1) A condition que le colon reste plus de 2 mois, car il est arrivé
que de soi-disant ouvriers ne s'adressaient à la colonie que pour y
travailler le moins possible et emporter, quelques jours après leur entrée,
des vêtements neufs qu'ils revendaient ensuite.

(2) A condition que le colon fasse un séjour d'au moins 15 jours.

qu'elle cherche avant tout, c'est le placement de ses assistés; c'est en général par correspondance qu'il s'effectue, et le directeur de la colonie s'efforce d'obtenir pour ses protégés un traitement égal à celui des ouvriers de ferme de la région, et de leur éviter l'exploitation qu'essayent fréquemment de faire de leur misère des patrons inconnus. Depuis sa création, la colonie a pu, sur les 850 individus qui sont entrés dans l'établissement, en placer 491, résultat fort appréciable, puisqu'il représente environ 50 % des assistés tirés de la misère et décidément ramenés à l'agriculture, dont on entend dire sans cesse qu'elle manque de bras.

Mais l'établissement a besoin d'être encore développé et le Conseil municipal de Paris n'hésitera pas à le faire en présence d'aussi heureux résultats ; au reste, les dépenses de la colonie ont toujours été diminuant ; de 60,000 fr. en 1892, elles sont descendues à 43,000 fr. en 1898 et ce n'est que par suite des dépenses nécessitées par l'amélioration et l'agrandissement de la ferme que la dépense prévue au budget municipal pour l'année 1901 se monte à la somme de 77,900 fr., alors que les recettes prévues sont de 30,000 fr., soit une somme de 47,900 fr. que coûtera cette année la colonie à la Ville de Paris; mais avec le temps, La Chalmelle finira par produire suffisamment pour se suffire à elle-même et l'agrandissement de l'établissement permettra d'utiliser les produits de la ferme et d'augmenter ses revenus par la fabrication de briquettes de charbon, la mouture de la farine, l'extraction de la pierre à chaux. Il y a donc de grandes espérances à fonder sur la colonie agricole fondée par la Ville de Paris ; et cette expérience prouve qu'organisée avec sagesse et dans des proportions restreintes, l'assistance par le travail ne donne guère prise aux objections des adversaires de l'initiative gouvernementale.

SECTION II. — **Etablissements organisés par les administrations départementales.**

§ 1. — *L'enquête de 1895 et ses résultats.*
§ 2. — *L'atelier pour ouvriers infirmes du département de la Seine.*

§ 1. — L'intérêt manifesté par les autorités municipales pour l'assistance par le travail paraît avoir été moins vif de la part des Conseils généraux. Il est vrai que les départements possèdent, quelques-uns tout au moins, des dépôts de mendicité qui les mettent en règle avec la loi ; mais nous avons vu (1) que ces établissements ne remplissent plus le but que leur avait assigné le législateur ; en essayant d'agir directement auprès du Gouvernement, on se heurte à cette grosse difficulté d'obtenir une action énergique, continue et efficace, d'administrations distinctes qui n'appartiennent pas au même ministère. Aussi a-t-on décidé de s'adresser aux Conseils généraux en leur fournissant des renseignements et en leur indiquant les

____
(1) Voir *supra*, pages 102 et suiv.

divers procédés expérimentés pour l'extinction de la mendicité et le soulagement de la misère,

Tel a été le but de la grande enquête provoquée par M. Leygues, ministre de l'Intérieur, auprès des Conseils généraux, sur l'initiative de M. Voisin, conseiller à la Cour de cassation, et président de la Société générale des Prisons; la circulaire ministérielle du 19 avril 1895 (1), qui se rattache spécialement à la question du vagabondage et de la mendicité, s'occupe néanmoins de l'assistance par le travail, les deux matières étant en somme liées l'une à l'autre.

« Mon administration — dit le Ministre dans cette cir-
« culaire, — qui, dans une circulaire du 8 novembre der-
« nier (2) a manifesté sa sympathie pour les œuvres d'as-
« sistance par le travail et qui a invité les autorités pré-
« fectorales à encourager ces œuvres, à en faciliter les
« débuts là où l'on s'efforcerait d'en constituer de nou-
« velles, à en développer l'action là où elles existent déjà,
« ne peut voir qu'avec bienveillance l'initiative prise par
« la Société générale des Prisons et la Société internatio-
« nale pour l'étude des questions d'assistance auprès des
« assemblées départementales, afin de les engager dans la
« même voie, à l'effet de venir en aide, sous cette forme
« intelligente aux *valides de bonne volonté.* »

Théoriquement, — dit M. Voisin dans la note jointe à la circulaire et destinée à faire connaître aux Conseils

(1) *Bulletin du Ministère de l'Intérieur* de 1895, page 63.
(2) Voir son texte ci-dessous, p. 160.

Généraux les mesures à prendre, — les vagabonds et les mendiants se divisent en trois catégories: les invalides que l'on doit secourir, les *valides de bonne volonté* qui ont besoin d'une assistance temporaire ; les valides professionnels, volontairement vagabonds et mendiants, qui doivent être rigoureusement poursuivis. Ainsi deux remèdes distincts doivent être appliqués, selon qu'on se trouve en présence d'un mendiant accidentel ou d'un mendiant professionnel; d'une part l'assistance, de l'autre la répression.

Au point de vue qui seul nous intéresse, c'est-à-dire l'assistance à donner aux valides de bonne volonté, la note de M. Voisin cite l'exemple donné par les pays européens qui nous ont devancés dans cette voie, comme l'institution des *work house* d'Angleterre, des stations de secours et colonies ouvrières d'Allemagne et d'Autriche, de la nouvelle loi belge de 1819 ; l'auteur conseille aux assemblées départementales d'encourager les œuvres privées, d'utiliser le dépôt de mendicité en y substituant aux reclus les travailleurs de bonne volonté qui contribueraient par leur travail à nourrir les incurables de l'asile presque toujours annexé au dépôt. « En s'aidant soi-même, — dit-il « en terminant, — sans attendre que tout soit complet et « parfait dans la législation, on peut espérer arriver à un « résultat qui se développera et grandira, grâce aux expé- « riences qui se poursuivront de divers côtés, grâce aux « circonstances, aux bonnes volontés qui surgiront. »

En même temps, un mémoire de même nature que

celui de M. Voisin était adressé aux Conseils généraux par M. Léon Lefébure, ancien député et fondateur de *l'office central des institutions charitables,* qui insiste sur cette vérité que les établissements d'assistance par le travail ne peuvent rendre de services qu'à la condition de ne recevoir que les vrais travailleurs et propose à cet effet de diviser la France en un certain nombre de circonscriptions charitables créées par l'initiative individuelle et servant de trait d'union entre les œuvres privées et l'action publique; elles provoqueraient la création de colonies agricoles et d'asiles industriels.

Un tel concours de bonnes volontés ne pouvait manquer de produire certains résultats en stimulant le zèle de nos collectivités départementales auxquelles elles indiquaient la voie à suivre et donnaient les moyens de mettre à exécution les mesures les plus efficaces pour l'assistance des indigents valides. 54 départements prirent au moins en considération les exhortations qui leur étaient ainsi adressées et si quelques-uns n'émirent ensuite que des vœux bien platoniques, plusieurs s'efforcèrent d'étudier la question pour lui donner une solution efficace. Parmi ces 54 départements, nous en trouvons seulement 9 qui ont pris une décision dans laquelle ils s'engagent à s'occuper très sérieusement de la question et à appliquer sans tarder les mesures qui leur sont recommandées : ce sont la Côte-d'Or, le Doubs, l'Eure-et-Loir, le Finistère, la Loire, la Haute-Loire, la Saône-et-Loire et la Seine-Inférieure.

La plupart des départements ayant répondu à l'enquête ont émis des vœux tout à fait anodins, sans prendre aucun engagement et paraissant plutôt se désintéresser de la question.

Un certain nombre, tout en approuvant les propositions qui leur sont soumises, déclarent ne pouvoir les appliquer, faute de ressources suffisantes.

Quelques-uns remettent au Gouvernement le soin de donner suite aux exhortations du ministère.

Enfin les départements de la Creuse, de l'Eure, du Tarn et des Vosges, basent leur refus de mettre à exécution les mesures d'assistance ou de répression sur l'inutilité de ces dispositions ou leur danger.

Les résultats de l'enquête de 1895 se bornent, on le voit, à bien peu de chose; et l'inertie de la plupart de nos assemblées départementales empêchera sans doute avant longtemps la solution par les organes départementaux de la question de l'assistance aux indigents valides.

Néanmoins quelques réformes ont été réalisées ; nous avons déjà signalé (1) l'organisation par le Conseil général d'*Eure-et-Loir*, sur l'initiative de M. Deschanel, d'un asile modèle d'assistance à Courville, qui se trouve être l'application complète et loyale du décret de 1808; le Conseil général des *Bouches-du-Rhône* est entré dans la même voie en 1895, en décidant que le dépôt de mendicité de Marseille serait ouvert aux reclus volontaires privés de moyens d'existence et ayant leur domicile de secours dans

______
(1) Voir ci-dessus page 101.

le département; le seul inconvénient qui attire l'attention actuellement est le grand nombre d'individus peu valides qui fréquentent le quartier des reclus volontaires et qui font craindre que le dépôt ne devienne un asile de vieillards ou d'infirmes.

Le département de *Vaucluse* a enfin proposé une organisation toute spéciale qui consiste à associer à l'assistance par le travail en même temps le département, la commune et les patrons des établissements industriels et agricoles. Tout individu sans ouvrage serait envoyé par le maire dans un atelier privé ou occupé à des travaux communaux moyennant un bon de travail et si le bon a été utilisé, l'indigent aura droit au vivre et au coucher dans une auberge de la commune. Les patrons qui auront fait travailler les porteurs de bons pourront en toucher la valeur à la mairie, comme dédommagement autant qu'à titre d'encouragement; les frais de nourriture et de couchage seraient pour partie à la charge de la commune, et pour partie à la charge du département. De la sorte le Conseil général espère, en évitant la création onéreuse d'ateliers publics de travail, pouvoir associer les particuliers à une œuvre d'assistance qui les mettrait à l'abri des sollicitations de la mendicité, et faciliterait à l'ouvrier la constitution d'un petit pécule, au moyen duquel il pourrait attendre un embauchage régulier.

Plus récemment enfin, M. Lebret, ministre de la Justice, appelait, dans une circulaire du 2 mai 1899, l'attention des procureurs généraux sur la question de la mendicité.

en leur recommandant de distinguer soigneusement l'élément intentionnel du délit, pour en apprécier la gravité et même l'existence juridique. Tous ceux que la nécessité de vivre peut entraîner à tendre la main, parce que le chômage, la maladie, l'impossibilité de travailler les privent momentanément de moyens d'existence, ne doivent pas être poursuivis, car en l'espèce l'intention délictueuse fait défaut. « Ce ne sont pas des coupables qu'il faut punir, mais des
« malheureux qu'il faut secourir, aider, au besoin relever,
« en se mettant en rapport suivant les cas, soit avec l'au-
« torité administrative, en vue de leur rapatriement, soit
« avec une œuvre hospitalière, ou une société de patro-
« nage, en vue de leur procurer du travail, un abri mo-
« mentané, une direction éclairée et bienveillante ».

Dans le prochain chapitre nous aurons à étudier les propositions de loi relatives à cette matière, actuellement soumises à la Chambre, et qui n'ont pas encore reçu de solution.

§ II. — Le département de la Seine possède deux établissements de mendicité où est organisé le travail; ce sont les maisons de Nanterre et de Villers-Cotterets, mais en dehors de ces institutions, dont nous avons déjà parlé (1) et qui ne présentent pas un intérêt spécial, le Département se signale par de très intéressantes créations, qui ont pour but de secourir spécialement *l'invalidité* en l'assistant au moyen du travail.

Il a d'abord créé l'établissement des sourds-muets à

(1) Voir ci-dessus, p. 101.

Asnières, qui prend le sourd-muet tout jeune, l'instruit et donne à cet infirme de naissance un métier qui plus tard lui évitera le déshonneur de la mendicité, en soulageant d'autant la charge de la société.

Pour les jeunes aveugles, l'école Braille à Saint-Mandé s'occupe de leur enseigner une profession, afin de les mettre en mesure de s'assurer également une existence à l'abri du besoin, malgré l'infirmité incurable qui les atteint.

Ces deux institutions, qui cherchent à tempérer les rigueurs du sort pour ces catégories de malheureux, font déjà œuvre fort utile tant pour eux-mêmes que pour leurs concitoyens plus valides auxquels elle enlève le poids d'une charité pouvant être bien plus efficacement employée pour soulager d'autres misères.

Mais on a pensé qu'il ne convenait pas de s'arrêter en aussi bon chemin et qu'il était encore possible de tirer parti du reste de forces d'un homme que la maladie incurable ou la vieillesse n'ont pas encore irrémédiablement désigné pour l'hospice ou l'hôpital.

Pourquoi l'assistance par le travail ne serait-elle pas applicable aux invalides que la perte d'un membre, par exemple, ne prive pas d'une manière absolue de la faculté de travailler? Nous pouvons même dire que l'assistance par le travail, dirigée de ce côté, est appelée à rendre les plus grands services, car l'invalide, plus volontiers porté au découragement que l'homme entièrement valide, joint à la décadence morale la tentation bien profitable pour lui d'exploiter son infirmité aux dépens de la charité publique.

A tous ceux dont il est encore possible d'employer l'énergie, le travail évitera l'entraînement de la mendicité, en stimulant leur amour-propre et les mettra à même d'acquérir l'assistance qu'autrement ils n'obtiendraient qu'en tendant la main ou en sollicitant les secours de l'Assistance publique. La difformité naturelle ou accidentelle empêche en effet la plupart du temps celui qu'elle atteint de pénétrer dans les ateliers de l'industrie; la porte en est fermée à ces malheureux ouvriers, dont le travail est imparfait et d'un faible profit.

Sans doute, s'il s'agit d'un accident survenu dans l'exercice de la profession, la loi du 9 avril 1898 vient au secours de l'ouvrier qui en est victime en lui assurant une pension ou une indemnité, dont l'obtention est au reste, — soit dit en passant, — bien souvent hérissée de difficultés; sans doute aussi, dans les autres cas, à grand renfort d'appuis et de sollicitations, le mutilé pourra obtenir son inscription à l'Assistance publique pour en recevoir un secours, dont la modicité touche parfois la dérision; mais, en dehors de ces illusoires ressources, c'est à la mendicité, qu'il demandera en désespoir de cause son salut, si ses scrupules ne vont pas trop loin. Cet homme, sans aucune faute sur la conscience, si ce n'est celle d'avoir accompli son devoir dont il est victime, peut se trouver du jour au lendemain jeté dans l'extrême misère, parce que cette société qui maintenant le chasse de ses rangs n'a pas su comprendre qu'il était possible d'en refaire un être laborieux et travailleur.

C'est en s'inspirant de ces idées humanitaires que le Conseil général de la Seine a récemment organisé deux *ateliers de travail pour les ouvriers mutilés ou infirmes* (1), sur l'initiative de M. Marsoulan, conseiller municipal.

Ces ateliers ont pour objet de « procurer du travail à « ceux qu'un vice de conformation, la maladie ou un « accident ont privé de l'usage d'un ou de plusieurs « membres » (2).

Ce ne sont pas des refuges d'invalides, ce ne sont pas des rééditions des Cours des miracles, repaires des truands du moyen-âge; ce sont seulement des ateliers pour les ouvriers infirmes qui, soucieux de leur dignité, méritent le respect et les égards dus à ceux qui font leurs efforts pour ne pas tomber à la charge de la société.

(1) L'un est situé à Montreuil-sous-Bois, rue Armand Carrel; l'autre à Paris, rue Planchat.

(2) Il n'est pas possible d'admettre sans distinction tous les individus qui sollicitent leur entrée. Aussi le règlement prescrit-il que :

« 1° Les mutilés par suite d'accidents de travail devront prouver « l'origine du lieu où s'est produit l'accident; si ce lieu est dans Paris « ou le Département de la Seine, l'admission sera de droit, jusqu'à « concurrence des vacances existantes ; si le lieu d'origine de l'acci- « dent est hors du département, le pétitionnaire devra justifier qu'il « appartient à une maison ayant son domicile réel à Paris ou dans le « Département, qu'il avait été envoyé par cette maison pour faire un « travail passager dans un lieu hors du Département et que l'accident « est arrivé pendant ce travail.

« 2° Les infirmes devront établir qu'ils appartiennent à une famille « ayant plus de 10 ans de domicile réel et continu dans Paris ou le « Département; il faudra de plus que l'infirme ait toujours habité les « mêmes points, sous réserve des séjours d'hôpitaux appartenant à « l'Assistance publique ou au Département de la Seine. »

De tels ouvriers, dont les moyens d'action sont nécessairement fort réduits, il ne faudrait évidemment pas espérer un ouvrage de même qualité que celui que peut produire un ouvrier entièrement valide; le véritable but que se proposent ces ateliers est seulement de secourir les estropiés et les infirmes encore capables de travail, sans aucunement chercher à rentrer au moyen des produits de leur travail dans les dépenses de l'établissement. Il n'y a là encore qu'une œuvre d'assistance qui tend à éloigner l'infirme de la vie mendiante et vagabonde pour lui faire aimer le travail qui honore l'homme en lui permettant de vivre, lui et sa famille.

Les ouvriers des ateliers d'infirmes continuent en effet à vivre chez eux; ils ne sont pas hospitalisés dans l'établissement, et le salaire qu'ils ont honorablement gagné contribue à alléger leurs charges de famille (1).

Il est curieux de constater tout le parti qu'il est loisible de tirer des diverses infirmités. La division du travail s'applique d'elle-même, conséquence des natures variées de mutilations qui se coudoient dans l'atelier, les uns suppléant à ce qui manque aux autres pour la confection des différentes parties d'un même objet. Des vieillards même peuvent ainsi utiliser leurs forces à des travaux faciles, et gagner davantage que ceux qui touchent de l'Assis-

---

(1) Ce salaire, qui peut aller jusqu'à 3 francs, depuis 1 fr. 25 selon l'ouvrage accompli, représente presque l'équivalent du travail fourni : il n'y a plus guère que les frais généraux des ateliers qui restent entièrement à la charge de l'administration.

tance publique le secours dit d'hospice, lequel ne s'élève qu'à 360 francs par an.

Les résultats jusqu'à présent obtenus par cette récente et originale création du Département de la Seine sont des plus encourageants et plusieurs municipalités de province se proposent d'imiter son exemple. L'invalide peut être secouru au moyen du travail aussi bien que le valide. Néanmoins, il existe entre les deux cette différence que pour le valide, l'atelier de travail ne doit être qu'un lieu de passage où il puisse attendre son reclassement dans le groupe des travailleurs, tandis qu'à l'égard du mutilé, l'assistance par le travail joue le rôle de planche de salut définitive, accueillant à titre permanent tous ceux dont l'industrie libre repousse les services parce qu'elle les juge insuffisants.

SECTION III. — **Propositions de loi ayant pour but de créer des établissements publics d'assistance par le travail dans toute la France.**

Le Parlement est actuellement saisi de plusieurs propositions de loi qui visent particulièrement à instituer dans tous les départements des maisons de travail destinées à secourir provisoirement les indigents valides. Les instructions ministérielles dont nous avons parlé avaient pour ainsi dire couru au plus pressé et c'est pour ne pas attendre peut-être longtemps encore le vote d'une loi qu'elles ont conseillé aux collectivités administratives la pratique de l'assistance par le travail ; l'initiative du Gouvernement n'a pas, il faut bien le reconnaître, porté ses fruits. Reste à savoir si les propositions de loi dont nous allons parler apporteront une amélioration appréciable dans la situation des sans-travail.

I. — *Proposition Maurice Faure.* — En 1893, M. Maurice Faure, député, déposait une proposition concernant les invalides du travail et les travailleurs valides sans ouvrage. S'appuyant sur le vœu émis en 1885 au Congrès pénitentiaire international de Rome (lequel exprimait cet avis « que l'assistance publique soit réglée de telle « manière que chaque personne indigente soit sûre de « trouver des moyens de subsistance, mais seulement en « récompense d'un travail adapté à ses facultés corpo- « relles »), l'auteur insiste sur l'utilité de l'assistance par le travail en faveur des indigents sans travail et préconise l'organisation générale de cette assistance dont tous les départements pourraient bénéficier. « A côté des asiles « destinés aux invalides du travail, nous avons pensé « qu'il fallait créer des établissements spéciaux destinés à « recevoir une autre catégorie de citoyens malheureux « qui, eux aussi, dans notre état social, avec la législa- « tion actuelle, tombent sous le coup de la loi pénale, « alors qu'en réalité ils devraient relever uniquement de « l'assistance publique et se trouver protégés par des ins- « titutions de solidarité et de prévoyance nationales ».

____

(1) *Annexe* de la séance de la Chambre des députés du 4 décembre 1893.

Et M. Faure conclut en proposant que les départements
et les communes puissent être autorisés à établir des maisons, colonies ou stations de travail, de même nature que
celles qui ont été instituées en Allemagne, en Autriche et
en Suisse, pour y recevoir les individus valides momentanément sans ouvrage, en compensation d'un travail obligatoire.

II. — *Proposition Georges Berry*. — Deux propositions ont été déposées à la Chambre par M. Georges Berry;
l'une en 1895 (1), ayant pour objet de subventionner les
œuvres privées d'assistance par le travail et d'obliger les
bureaux de bienfaisance à pratiquer directement ce mode
de secours; l'autre, plus importante (2), visant à la suppression de la mendicité; cette dernière est précédée d'un
exposé des motifs fort étendu où l'auteur fait passer sous
nos yeux les différentes et multiples espèces des professionnels de la mendicité dont les grandes villes sont infes-
tées. Pour atteindre la cause du mal qui n'est, en somme,
que la paresse, notre législation a besoin d'être modifiée;
pour remédier à cette mendicité, si préjudiciable aux intérêts des vrais indigents, des colonies d'internement rem-
placeront avantageusement la prison déshonorante ; au
lieu de mois de prison, le juge distribuera des mois de travail à l'indigent qui a été entraîné mais qui ne demande
qu'à redevenir un honnête homme. Enfin, à côté de ces

(1) Voir *Annexe* à la séance de la Chambre des députés du 8 février, 1895.
(2) *Annexe* à la séance du 25 janvier 1899.

colonies dites de *répression*, il serait indispensable de créer, à l'exemple de nos voisins, les Hollandais et les Allemands, des colonies de *préservation*, réservées aux ouvriers sans travail qui ne sont pas encore tombés au rang des mendiants. · En effet, si l'on doit essayer de « relever par la force le miséreux démoralisé, on doit, à « plus forte raison, donner à celui qui lutte, les facilités « de ne pas perdre la place qu'il occupe dans la société ». Ce ne sont pas de grands établissements, des ateliers immenses que réclame M. Berry, mais des maisons de secours restreintes où les indigents ne feraient que passer, et permettant aux malheureux poursuivis par le sort de trouver immédiatement un lieu d'asile ; et, ajoute l'auteur, le système ainsi compris, présenterait le double avantage d'être utile aux sans-travail et d'être également peu coûteux, parce que « n'ayant besoin que d'un nombre « restreint de places, les communes trouveront toujours « des bâtiments inoccupés ou des terrains communaux « improductifs pour organiser soit un atelier, soit une « colonie agricole ».

III. — *Proposition Jean Cruppi*. — La proposition de M. Cruppi (1) est relative aux moyens d'assistance et de coercition propres à prévenir ou à réprimer le vagabondage et la mendicité. « Tendre la main à l'ouvrier vic-« time du chômage, d'une infortune privée, ou d'une crise « industrielle, lui prodiguer ainsi qu'à l'invalide et à l'in-

(1) *Annexe* à la séance de la Chambre des députés du 25 janvier 1899.

« firme tous les secours matériels et moraux que la cité
« doit à ses enfants *au contraire* et frapper avec fermeté,
« parquer, et priver des moyens de vivre le vicieux, l'in-
« corrigible, l'anti-social », tel doit être le but d'une loi
sur la suppression du vagabondage et de la mendicité.

M. Cruppi propose en conséquence l'abrogation des
articles 269 à 282 du Code pénal, celle du décret du 5
juillet 1808 et de l'article 29 de la loi du 27 mai 1885; et,
pour remplacer ces dispositions, une loi qui, interdisant le
vagabondage et la mendicité, oblige les départements à
ouvrir: d'une part des maisons de refuge pour les invalides
et les infirmes incapables de travailler et dénués de moyens
d'existence; d'autre part des *établissements destinés à rece-*
voir les personnes valides dénuées pour le moment de
moyens d'existence suffisants et dans lesquels le travail
sera immédiatement obligatoire. Le département aura un
recours contre la commune du domicile de secours pour
les dépenses non couvertes par le travail des personnes
recueillies dans les établissements de travail.

Alors, l'État, après avoir mis tous les indigents dans la
possibilité de renoncer à la mendicité et au vagabondage,
sera en droit d'être inflexible pour les individus qui seront
arrêtés, convaincus de l'un de ces délits.

On le voit, le projet de M. Cruppi est en réalité le réta-
blissement du dépôt de mendicité tel qu'il avait été conçu
par Napoléon ; « Il ne faut pas oublier, — dit M. Cruppi,
« — qu'en s'abstenant d'organiser les établissements prévus
« pour obvier à la mendicité par la Révolution et l'Empire

« les départements ont fait une économie ruineuse ; il
« serait facile d'établir ce point en calculant les sommes
« énormes que la mendicité délictueuse, l'aumône obligée,
« inutile et malfaisante, ont prélevées sur la fortune pu-
« blique.... Une œuvre intelligente d'assistance sociale est
« toujours une œuvre d'assurance et d'épargne, en même
« temps qu'une œuvre de bonté ».

Les charges nécessitées par cette nouvelle organisation
proposée par M. Cruppi ont déjà soulevé des objections
de la part des assemblées départementales qui les considèrent pour la plupart comme peu en rapport avec leurs
ressources budgétaires ; cependant il y a lieu de remarquer
que, le travail étant obligatoire dans ces asiles, le produit
de la main-d'œuvre des assistés suffira à assurer sinon un
bénéfice du moins la récupération des dépenses engagées.
Au reste, — comme l'a fait remarquer l'auteur de la proposition dans l'exposé des motifs, — les départements, loin
de se croire tenus à édifier de luxueux et coûteux établissements officiels, peuvent et doivent de préférence satisfaire à la loi en encourageant, en patronnant, en subventionnant les établissements fondés par l'initiative privée. —
« Que les forces financières et administratives de l'État,
« du département viennent compléter ces œuvres fécon-
« des, au lieu de leur faire une inutile et ruineuse concur-
« rence ! »

SECTION IV. – **Mesures secondaires employées par les pouvoirs publics en vue de l'assistance par le travail. – Le passeport et le secours de route.**

Ce n'est pas seulement en fondant et en organisant des ateliers de travail, refuges, dépôts de mendicité ou autres établissements de même nature que les pouvoirs publics s'occupent d'assister l'indigent en lui procurant du travail ; ils emploient aussi le système du *secours de route avec gîte d'étape*, qui permet au malheureux de regagner soit le pays étranger d'où il est venu, soit la commune d'où il est originaire, soit enfin la contrée où il est assuré de trouver du travail.

Ce procédé constitue une mesure des plus utiles en faveur des indigents et certes on ne saurait ici reprocher à l'administration de se mêler de questions pour la solution desquelles elle n'est pas faite et qui risqueraient de compromettre l'institution même de l'assistance par le travail.

L'organisation du système des secours de route remonte au décret-loi des 30 mai-10 juin 1790 sur l'extinction de la mendicité; mais ce fut dès l'abord moins une mesure d'assistance qu'une mesure de police, destinée à éloigner de la capitale la foule des mendiants et des individus sans aveu qui devenaient un danger de plus en plus menaçant pour la sécurité publique.

Le décret de 1790, rendu par la Constituante sur un rapport du Comité de Mendicité, saisi lui-même par une pétition de la commune de Paris, n'est autre que celui

qui avait organisé des travaux de secours (1) pour essayer
de calmer l'effervescence du peuple et de secourir la masse
des sans-travail, dont Paris était encombré.

Il décidait que « tous les mendians et gens sans aveu
« étrangers au royaume, non domiciliés à Paris depuis un
« an, seront tenus de demander des passeports où sera
« indiquée la route qu'ils devront suivre pour sortir du
« royaume » (art. 2), — que « tout mendiant né dans le
« royaume, mais non domicilié à Paris depuis 6 mois, et
« qui ne voudra pas prendre d'ouvrage, sera tenu de
« demander un passeport, où sera indiquée la route qu'il
« devra suivre pour se rendre à sa municipalité » (art. 3).

L'art. 7 du décret ajoutait : « *Il sera accordé trois sous*
« *par lieue à tout individu porteur d'un passeport. Ce*
« *secours sera donné par les municipalités successivement*
« *de 10 en 10 lieues* ».

Ainsi, le passeport avec secours de route a pour but, à
son origine, de désagréger le foyer d'insurrection que
constituait à Paris le nombre considérable des vagabonds
et des mendiants, en leur permettant de se rendre au lieu
de leur domicile de secours sans se livrer à la mendicité
pendant leur voyage ; l'époque de troubles dans laquelle
fut créée l'institution ne permettait guère de faire davantage. Mais plus tard la délivrance des passeports avec
secours de route ne fut plus seulement réservée aux mendiants dans le but de les éloigner de la capitale, mais à
tous les ouvriers indigents afin de leur faciliter la recherche

____

(1) Voir ci-dessus, page   .

et l'obtention du travail (1). Cette délivrance du secours et du passeport, primitivement confiée au maire lui fut retirée à la suite d'abus auxquels ce moyen de procéder avait donné lieu, et aujourd'hui elle rentre uniquement dans les attributions de l'autorité préfectorale (2), qui est désormais seule investie du droit d'allouer des secours de ce genre. La loi du 10 mai 1838 sur les attributions des Conseils généraux avait rangé ces dépenses au nombre des dépenses obligatoires des départements, mais cette disposition n'ayant pas été reproduite dans les lois postérieures, ce sont seulement des dépenses facultatives pour le budget départemental.

Aujourd'hui, le secours de route est accordé à tout indigent justifiant soit qu'il retourne à son lieu de naissance ou à son domicile de secours, soit qu'il doit se rendre dans une localité quelconque où il est assuré de trouver du travail. Ces rapatriements peuvent s'effectuer de deux façons : à pied ou par chemin de fer.

Lorsque le parcours doit se faire à pied, l'indigent reçoit une indemnité qui varie de 0,60 à 1,05, selon la distance à parcourir jusqu'à la première étape, où lui sera payé un second secours jusqu'à l'étape suivante, et ainsi de suite.

Le parcours en chemin de fer, qui fut appliqué à partir de 1840, concurremment avec le voyage à pied, s'est répandu de plus en plus en raison de l'économie qui en résulte pour les départements et est devenu maintenant la

(1) Arrêt du Conseil d'Etat du 22 décembre 1811.
(2) Voir les circulaires du Ministre de l'Intérieur des 22 novembre 1825, 25 octobre 1833, 18 janvier 1857.

règle générale ; les compagnies de chemins de fer ont en effet consenti à transporter au prix du demi-tarif les indigents possesseurs de la réquisition de transport qui ne leur est d'ailleurs délivrée qu'après une enquête destinée à éviter les abus auxquels donnent lieu les nombreuses demandes de cette espèce.

Le département que quitte l'indigent supporte les frais du transport à demi-place jusqu'au lieu de destination et recouvre ensuite sur chacun des départements traversés la quote-part qui leur incombe respectivement dans le prix total du voyage. En outre, afin de ne pas priver totalement de ressources l'indigent pendant un voyage souvent long, il lui est alloué à son départ un secours fixe de 2 francs, destiné à faire face aux besoins de la route.

Enfin, à Paris, l'individu porteur d'un passe-port peut également accomplir le voyage à demi place pour son propre compte s'il possède la somme suffisante pour la payer, qu'elle lui vienne de ses propres ressources ou de la générosité de personnes ou d'associations charitables.

Telles sont les dispositions actuellement en vigueur qui permettent à l'ouvrier sans travail de se rendre dans une localité où il est, sinon toujours assuré, du moins dans l'espoir de trouver de l'ouvrage ; c'est là d'une part une excellente mesure de police qui tend à supprimer le vagabondage et à assurer la sécurité publique ; et c'est d'autre part un heureux exemple d'initiative des pouvoirs publics s'efforçant d'assister l'indigent, en lui facilitant son déplacement rapide vers le lieu où le travail pourra mettre fin à la crise qu'il traverse.

CHAPITRE II.

AIDE APPORTÉE PAR LES INSTITUTIONS ADMINISTRATIVES
AUX ŒUVRES PRIVÉES D'ASSISTANCE PAR LE TRAVAIL. —
RELATIONS ENTRE ELLES.

Les pouvoirs publics ne se sont pas bornés à entreprendre l'institution d'établissements de travail pour les indigents, en se désintéressant des œuvres privées qui concourent à lui enlever la charge d'un grand nombre de nécessiteux. Comprenant le service qu'ils peuvent en attendre et les avantages qu'ils retirent de leur fonctionnement, ils ne se sont pas fait faute de multiplier à leur égard leurs encouragements et de témoigner de leur sollicitude continuelle pour ces œuvres.

C'est ainsi que l'administration affirme l'intérêt dans lequel elle tient les sociétés d'assistance par le travail en leur donnant son appui financier, et en s'efforçant de se mettre en relations avec elles ; car c'est par une sage combinaison de leurs forces qu'elles peuvent arriver à rendre les services que les indigents doivent en attendre.

SECTION I — **Circulaire ministérielle du 8 novembre 1894.**

En 1894, le Ministre de l'Intérieur adressait à la date du 8 novembre aux préfets une circulaire (1) dans laquelle il les encourageait à faciliter la création d'*œuvres privées* d'assistance par le travail; il est intéressant d'en lire le contenu dont voici les passages les plus importants :

« Depuis quelques années on s'est efforcé dans plusieurs villes de France d'organiser des sociétés d'assistance par le travail: plusieurs de ces essais ont été couronnés de succès; nombre d'associations anglaises, américaines, suisses, allemandes, italiennes, appliquent le même principe, afin de protéger la charité contre ses propres abus et d'éviter que les aumônes soient données sans discernement, et de faire du travail la base de secours... Leur but essentiel est d'éliminer les faux indigents en attachant au secours l'obligation du travail, de réduire la mendicité professionnelle, et de fournir d'autre part à l'ouvrier inoccupé la possibilité d'obtenir quelques ressources momentanées qui, si minimes soient-elles, l'empêchent de mourir de faim et lui épargnent l'humiliation déprimante de la mendicité.

« Lorsqu'il s'agit de combattre la misère, il faut tout d'abord chercher à tirer de leur détresse les pauvres de bonne volonté; il faut empêcher aussi les malheureux de descendre dans la rue pour tendre la main; les œuvres

(1) Voir *Bulletin officiel du Ministère de l'Intérieur*, 1894, page 333.

d'assistance par le travail y arrivent en procurant autant que possible de l'occupation à chacun dans sa spécialité professionnelle, en s'intéressant au malheureux et en s'occupant de le placer. Les efforts tentés par ces associations pour restreindre la mendicité et fournir un travail provisoire à l'indigent, pour lui faciliter la recherche d'un travail normal, le sauver de l'inanition en attendant qu'il ait trouvé une occupation régulière et lui faire gagner honorablement un salaire, *méritent l'attention des pouvoirs publics et leurs encouragements*.

« Les Bureaux de bienfaisance ne sortent pas de leurs attributions en pratiquant ce mode rationnel d'assistance; plusieurs ont organisé pendant l'hiver des ateliers dits de charité; mais là où, pour une raison quelconque, l'établissement public n'entreprendrait pas une organisation de cette nature, vous pourriez *donner votre concours* aux particuliers qui, dans un but exclusif de bienfaisance, seraient disposés à s'associer pour instituer l'assistance par le travail. »

On voit que le gouvernement se soucie des sociétés privées, et comprend tout le fruit que la société peut retirer de leur concours dans l'œuvre de l'assistance au moyen du travail; nous allons voir maintenant dans quelle mesure il a été donné suite aux dispositions précédentes.

SECTION II. — Relations entre les œuvres privées et les bureaux de bienfaisance.

Un des concours les plus précieux peut être apporté

par les œuvres privées d'assistance aux pouvoirs publics sous la forme d'entente entre ces œuvres et les bureaux de bienfaisance. En principe le bureau de bienfaisance ne doit donner de secours en argent qu'à ceux qui sont incapables de travail ; mais la pratique diffère et nous savons que les bureaux de bienfaisance assistent fréquemment des individus paresseux qui pourraient parfaitement subvenir à leurs besoins s'ils voulaient travailler ; c'est pour porter remède à cette situation qu'il importe de substituer, autant que faire se peut, l'assistance par le travail au secours en argent ; aussi M. Ch. Dupuy, ministre de l'Intérieur, dans la circulaire du 8 novembre 1894, après avoir parlé des essais d'assistance par le travail en France et à l'étranger par des sociétés privées qui « méritent l'attention des pouvoirs publics et leurs encouragements » conseillait-il aux préfets d'associer les assistances par le travail aux bureaux de bienfaisance ou d'assistance, qui, ajoutait-il, « ne sortent pas de leurs attributions en pratiquant ce « mode rationnel d'assistance, plusieurs ayant organisé « pendant l'hiver des ateliers, dits de charité ».

C'est également dans le même but que l'article 28 du décret du 15 novembre 1895 portant organisation de l'assistance à domicile à Paris, autorise « les bureaux de « bienfaisance à s'entendre avec les sociétés d'assistance « par le travail, à l'effet de substituer, autant que possible, « les secours en travail aux secours en argent ».

Ces prescriptions ministérielles ne sont pas restées lettre morte ; déjà des ententes avaient été faites en 1891 avec

l'*Œuvre d'assistance par le travail* du 16e arrondissement ; en 1892 avec l'*Union d'assistance* du 6e arrondissement; et en 1893 avec l'*Union d'assistance* du 17e
arrondissement.

Depuis la circulaire de M. Dupuy, une association s'est
complétée entre l'*Union* du 6e arrondissement et le bureau
de bienfaisance, par un traité déterminant, dans l'intérêt
commun des deux institutions, les conditions spéciales
d'admission des indigents dans l'atelier de travail ; malheureusement le nombre des assistés envoyés par le
bureau de bienfaisance, qui était en moyenne de 40 par
an de 1892 à 1895, a successivement diminué et l'entente
n'existe pour ainsi dire plus aujourd'hui.

L'*Union d'assistance* du 16e arrondissement reçoit également les indigents du bureau de bienfaisance et le total
des secours de cette catégorie atteignait à la fin de l'année
1898 la somme de 11,000 francs.

Des relations suivies existent également entre le bureau
de bienfaisance et l'*Union d'assistance* des 8e et 17e arrondissements ; le nombre des indigents assistés a toujours
été croissant ; en l'espace de 6 ans, de 1893 à 1898, il n'y
a pas eu moins de 8,425 hommes et 9,185 femmes secourus de cette façon.

Enfin il convient de mentionner ici l'assistance par le
travail créée par le bureau de bienfaisance lui-même dans
le 18e arrondissement. Quatre administrateurs du bureau
le représentent au sein du conseil d'administration dont
le trésorier est en outre, de droit, le trésorier du bureau

de bienfaisance. Jusqu'au 1er mai 1900, 546 indigents valides avaient reçu des bons d'admission à cet atelier d'assistance; mais 290 ne s'y sont pas rendus. A ce propos, il est fort intéressant de constater que le bureau de bienfaisance, qui aurait auparavant distribué à ces derniers une somme de 2,900 francs en argent, réalise de ce chef une économie de même valeur, qui lui a permis d'augmenter les allocations des indigents ayant accepté le travail et d'en attribuer à d'autres nouveaux, en supprimant sans remords celles qui auraient été accordées à des paresseux.

En province la même entente préconisée entre les bureaux de bienfaisance et les sociétés privées n'a donné que de médiocres résultats.

A *Nancy*, un atelier de travail, qui est la création même du bureau, a assisté pendant l'hiver de 1897-98 un total de 244 indigents, parmi lesquels plusieurs de diverses communes du département de Meurthe-et-Moselle, le Conseil Général subventionnant le bureau de bienfaisance de la ville pour lui permettre de recevoir des indigents valides de tout le département.

A *Valence* (Drôme), un échange de services entre les deux organisations permet au bureau de bienfaisance de fournir les repas pour 0,30 centimes et de prendre les bons de la Société d'assistance. Le même fonctionnement se retrouve à Nîmes, à Rouen, à Amiens, enfin à Sedan et à Tours.

C'est à ces quelques rares et assez passables résultats que se bornent les relations que recommandait le Ministère de l'Intérieur entre les œuvres privées et les bureaux de bienfaisance; ceux-ci semblent ne pas connaître ou oublier tout le profit que l'assistance publique peut retirer de la mise en pratique de ces ententes. Bien plus, n'est-il pas assez curieux de constater que les plus grandes villes de France, comme Marseille, Bordeaux, le Havre, où fonctionnent avec succès des œuvres privées d'assistance par le travail depuis fort longtemps, sont celles où les recommandations officielles ont rencontré la plus ferme hostilité, malgré les pressantes démarches des œuvres elles-mêmes?

La résistance des institutions administratives s'explique cependant par la nature même des assistés envoyés aux ateliers d'assistance ; pour que l'entente puisse être fructueuse, il importe en effet que les œuvres ne reçoivent que des indigents aptes au travail et non des invalides ou des mendiants invétérés; ce serait un germe certain de succès; mais il en est rarement ainsi, et la plupart du temps, les individus envoyés par le bureau de bienfaisance ne sont pas choisis parmi les plus courageux et les plus dignes d'intérêt. C'est ainsi qu'au VI⁰ arrondissement, le Bureau de bienfaisance envoyait à la Société surtout des malades et des blessés que leur âge empêchait d'être inscrits aux secours mensuels; un bon nombre étaient des mendiants professionnels ; au XVII⁰ arrondissement, on constate que les indigents sont en majeure partie âgés et peu aptes au travail (1); partout, les indigents même valides manquent de bonne volonté, le secours du bureau de bien-

____

(1) Renseignements extraits de la *Revue philanthropique* (février 1900). Article de M. Frénoy (page 138)

faisance leur semblant une chose due; et c'est en somme au droit à l'assistance que se ramène pour eux la conception de l'assistance publique. — De plus, cette disposition à vivre du secours officiel semble être parfois favorisée chez les indigents par les administrateurs eux-mêmes du bureau de bienfaisance, qui craignent de paraître se soustraire à leurs yeux à cette prétendue obligation du secours.

Enfin, quand bien même les bureaux de bienfaisance se décideraient partout à envoyer aux œuvres d'assistance des valides seulement, puisque l'assistance par le travail leur est réservée exclusivement, encore n'auraient-ils rempli qu'une partie de leur tâche. S'ils n'ont pas soin d'opérer un tri indispensable entre les oisifs paresseux et les nécessiteux de bonne volonté, ils risquent, s'ils adressent le premier venu aux ateliers de travail, de discréditer les œuvres, d'abord aux yeux des vrais assistés, en avilissant le travail et en leur donnant pour compagnons les êtres les plus dégradés et les plus vicieux qui ne cherchent qu'à se soustraire à la loi du travail; — et ensuite aux yeux du public qui hésitera à encourager des établissements dont on aurait si peu à espérer au point de vue du soulagement de l'indigence.

C'est, croyons-nous, vers ces relations si utiles entre les organes officiels et les œuvres privées d'assistance, qu'il convient d'orienter le mouvement de l'assistance par le travail; l'initiative individuelle jointe à la force des institutions administratives pourrait beaucoup, si elle était opérée avec discernement et intelligence; il est à espérer que l'union se fera davantage avec le temps.

SECTION III. — Concours financier des pouvoirs publics. Encouragements divers.

Il est de l'intérêt bien entendu de l'État comme des collectivités politiques secondaires d'assurer la stabilité des œuvres privées, en raison du rôle important et utile qu'elles jouent dans la société ; en échange des services qu'elles leur rendent par la prise en charge des sans travail et par la préservation de la mendicité qu'elles opèrent, en débarrassant la justice répressive d'un certain nombre de chômeurs accidentels, les administrations publiques doivent venir largement en aide aux œuvres privées. C'est ainsi qu'elles leur procurent gratuitement des terrains et des bâtiments ; qu'elles recourent aux sociétés d'assistance par le travail pour utiliser leur personnel en cas de travaux publics urgents ou de corvées diverses faciles à accomplir; c'est ainsi encore que l'administration ne saurait mieux faire que de subventionner les œuvres privées ; le Ministère de l'Agriculture leur accorde fréquemment son concours financier par l'allocation de subventions sur les fonds du pari mutuel; le Ministère de l'Intérieur encourage de la même façon 22 œuvres particulières ; le conseil municipal de Paris, si libéral en matière d'assistance, s'impose de nombreux sacrifices en faveur des sociétés privées d'assistance ; nombre de départements et de communes, comme Caen, Versailles, Marseille, Perpignan imitent cet exemple.

Enfin certains esprits fort bien intentionnés, mais qui

se méprennent peut-être sur l'efficacité de la mesure qu'ils préconisent, admettent une autre sorte d'alliance entre l'administration et les sociétés privées, en conseillant de remettre entre les mains de la puissance publique les bureaux de placement. Afin de les soustraire aux luttes politiques et aux revendications d'intérêts particuliers, on devrait, dit-on, placer les bureaux de placement en dehors de la lutte des partis et les considérer comme une institution publique, accordée, si possible, gratuitement à l'ouvrier, ainsi qu'on se propose de l'établir par mesure législative dans l'Empire d'Allemagne. — Il est certain que les bourses de travail dont la direction est laissée aux syndicats ouvriers, ne rendent pas tous les services qu'on pourrait en attendre au point de vue du placement ; développant et propageant cette idée fausse que seuls ceux qui vivent de la même vie et sont de la même classe peuvent fournir efficacement de l'ouvrage à l'ouvrier malheureux, les centres corporatifs ont en quelque sorte accaparé le placement de celui-ci. Ne serait-il pas préférable d'associer les bourses de travail aux œuvres d'assistance par le travail, en demandant à celles-là d'envoyer à celles-ci les ouvriers à placer qui pourraient ensuite retourner à leurs syndicats. La philanthropie est sans aucun doute capable de remplir cet office avec plus de compétence et de crédit que les institutions publiques ou les organes corporatifs ; et il est en outre nécessaire que les recherches et les démarches souvent nombreuses, nécessitées pour le placement, soient faites gratuitement avec le seul sentiment du devoir social.

CINQUIÈME PARTIE

L'ŒUVRE DES POUVOIRS PUBLICS
A L'ÉTRANGER

Si en France l'état ou les groupements politiques secondaires ne se signalent guère par l'organisation d'établissements d'assistance par le travail, à l'étranger au contraire plusieurs pays ont institué des maisons officielles d'assistance pour les indigents valides, maisons créées et dirigées par les organes administratifs.

Ce n'est pas à dire que la bienfaisance privée ne s'y soit pas parfois fort développée et que les Sociétés de charité y prennent moins soin que chez nous des intérêts de l'indigent; mais l'État a cru de son devoir d'établir des maisons de travail qui permettent à tout individu sans ouvrage de trouver un refuge qui l'accueille du moment qu'il rencontre en lui un individu de bonne volonté, prêt à seconder par son zèle et ses efforts l'intérêt qu'on lui témoigne. Les colonies agricoles de Hollande, les colonies et stations ouvrières de l'Allemagne, les maisons de refuge belges, et les workhouse anglais sont autant de preuves de l'initiative prise par les gouvernements en matière d'assistance par le travail.

Nous allons passer successivement en revue les diverses institutions fondées dans ce but par les pouvoirs publics à l'étranger, et nous verrons qu'elles apparaissent simultanément comme un des instruments les plus utiles à la répression de la mendicité ; ce sont généralement des mesures de police en même temps que des mesures d'assistance.

I

Angleterre.

L'Angleterre est le pays classique de l'assistance légale ; charge obligatoire pour la communauté, c'est le droit au secours pour l'indigent, et comme tout système d'assistance légale, le système anglais implique l'existence d'une taxe des pauvres, impôt prélevé sur les citoyens pour subvenir aux charges de l'assistance des indigents (1). C'est du commencement du xviie siècle que date la législation des pauvres en Angleterre ; on sait la misère dans laquelle se trouvait la population ouvrière à cette époque et les causes qui l'avaient favorisée ; Henri VIII, non content de dépouiller les monastères, et de réaliser de gros bénéfices au moyen de l'altération des monnaies, décréta l'abolition des institutions corporatives, nommées *gildes*, et la confiscation de leurs revenus ; de telle sorte que le travailleur anglais se trouvait assailli de deux côtés à la fois ; d'une part, c'est en monnaie dépréciée qu'on lui paye son salaire

(1) Il devait en être ainsi ; il y a lieu de remarquer que dans les pays protestants, la confiscation des œuvres de l'Eglise devait entraîner l'obligation pour le gouvernement de subvenir aux nécessités de la classe indigente, dont il avait jusque-là laissé la charge aux établissements religieux.

et d'autre part, on confisque les biens des sociétés qui lui rendaient les plus grands services en venant à son aide aux moments de détresse, en lui consentant des prêts gratuits, en payant l'apprentissage de ses enfants; enfin, complétant ces mesures de rigueur, la reine Elizabeth décide que nul ne pourra exercer un métier manuel sans avoir fait auparavant une période d'apprentissage de sept ans; elle autorise le juge de paix à tarifier les salaires des ouvriers; cette dernière mesure réussit comme les deux autres, en portant au suprême degré la misère de la classe ouvrière. Enfin les paysans eux-mêmes ne sont pas épargnés; la concentration de la terre entre les mains d'une minorité foncière et la hausse des fermages ne font qu'accentuer le malheur de leur condition. L'assurance donnée au peuple par le gouvernement que les dons volontaires qui entretenaient les monastères avec tant de profusion, serviraient au soulagement de la misère et mettraient la nation à l'abri des demandes de subsides, n'était rien moins que trompeuse. Il ne restait qu'un remède à employer, l'établissement d'une taxe pour entretenir les sans travail; ce fut l'œuvre de la reine Elizabeth dans son acte de 1601 (1), qui venait ainsi tempérer la rigueur des mesures accablant jusque-là la classe ouvrière.

Frappée du renchérissement continu des denrées alimentaires et de la lenteur du relèvement des salaires, en

____

(1) Cet acte, qui porte la date du 19 décembre 1601, ne fut voté que d'une manière provisoire; il a été successivement prorogé et n'est devenu permanent qu'à dater de Charles I.

même temps qu'elle sentait germer un sourd mécontentement, elle mit les paroisses dans l'obligation de venir en aide à leurs habitants nécessiteux au moyen d'une taxe; l'assistance est donc exclusivement communale. Mais la *poor law* ainsi comprise devait amener de fâcheux résultats : au XVIIIe siècle on vit des paroisses qui, par crainte d'augmentation de taxe, expulsaient tous ceux ne justifiant pas de moyens d'existence, si bien qu'on dut instituer des tuteurs des pauvres destinés à les protéger.

Quoi qu'il en soit, une condition était imposée, d'après l'acte de 1601, à tout individu valide pour l'obtention du secours; elle consistait dans l'obligation au travail; le *woorkhouse* était créé; « à son origine, il faut donc voir
« le workhouse comme une grande et importante institu-
« tion établie pour consacrer ce principe du droit au tra-
« vail qui a tant tourmenté notre siècle sans qu'il ait pu
« résoudre ce problème; ainsi tous les ouvriers des com-
« munes sans travail auront droit au logement, à la nour-
« riture... Le peuple ne pouvait donc avoir aucune répu-
« gnance à entrer dans le workhouse; il sentait que le
« législateur n'avait fait que lui consacrer le droit qu'a
« tout citoyen à l'assistance et au travail... Pendant la
« dernière moitié du XVIe siècle et pendant toute la durée
« du XVIIe, il ne répugnait à aucune catégorie d'ouvriers
« d'entrer dans les workhouse; au contraire beaucoup de
« familles y firent des économies » (1).

(1) Nadaud, *Histoire des classes ouvrières en Angleterre,* 1872 (page 77).

La loi nouvelle obligeait donc au travail ceux qui voulaient être secourus s'ils étaient valides. Rien de plus moral. « Il sera nommé, — disait-elle, — chaque année, « dans chaque paroisse, des inspecteurs des pauvres (*over-* « *seers*) à l'effet de pourvoir à ce que le travail soit fourni « aux individus qui n'ont pas le moyen de s'entretenir ou « qui n'exercent aucun état quotidien qui les fasse vivre ». C'est dans ce but que furent créées à Bristol, puis à Worcester en 1696 les premières maisons de travail, les premiers *workhouse*. En 1723 une loi vint autoriser les paroisses à construire des workhouse pour y recevoir les indigents valides (*able bolied*). Cela valait mieux que le système de l'assistance à domicile qui avait tout d'abord été pratiqué ; et de la sorte, le workhouse devient la pierre de touche (*test*) de la misère ; si un pauvre refuse d'y entrer pour être secouru, il perd son droit à l'assistance.

En 1760, la législation se trouve modifiée ; le *Gilberts act*, œuvre du gouvernement de Georges III, supprime toute condition pour l'obtention du secours ; plus de travail obligatoire pour l'individu valide. Une telle libéralité ne pouvait manquer d'entraîner les plus déplorables résultats.

Ce n'est plus à ce moment une maison de travail que le workhouse, mais seulement un asile pour les enfants et un hospice pour les vieillards.

Au point de vue fiscal, les conséquences de *l'act* de Georges III devaient être désastreuses, comme il fallait s'y attendre. De 1750 à 1800 la population n'avait que doublé, alors que la taxe des pauvres avait quintuplé ; en 1820 elle avait été portée au 1/8 du revenu foncier et en 1833 au 1/6 ; on en était arrivé à compter 1 assisté par 10 habitants. Une commission d'enquête sur l'assistance constate en 1832 que sur 7.000.000 de livres sterling qui sont dépensés pour secourir les malheureux valides, 354.000 livres seulement sont remises sous forme de travail. — La misère ne s'accroissait pas, certes, avec de tels procédés, mais le nombre des assistés, ne faisait qu'augmenter, certains qu'ils étaient de toucher de l'État une sorte de pension, leur assurant ainsi un salaire suffisant ; c'était la négation de l'intérêt personnel et l'avilissement du salaire de l'industrie, inévitable, encore aggravé par ce fait que dans le cas exceptionnel où l'indigent travaillait, son ouvrage était beaucoup moins considérable que celui de l'ouvrier libre, et néanmoins payé quelquefois davantage.

Mais il ne faut pas voir dans l'*act* de 1760 le régime ordinaire de l'assistance légale en Angleterre ; au contraire ce ne fut là qu'une période malheureuse dont le gouvernement fut, il est vrai, un peu long à envisager les déplorables résultats.

C'est avec la grande réforme de 1834 que l'Angleterre revient au système du workhouse comme moyen d'assistance pour les indigents valides. Le 14 août 1834 paraissait en effet un « acte pour l'amendement et la meilleure « administration des lois concernant les pauvres » qui rendait les workhouse à leur ancienne destination, obligeant définitivement au travail les valides qui sollicitent des secours.

En vue de remédier aux abus qu'avait fait naître la *poor law* dans les paroisses pauvres, la loi autorise les unions de paroisses, groupant de 30 à 40.000 habitants, administrées par des gardiens des pauvres (*board of guardians*) et soumises au contrôle d'une administration centrale, *le local government board*.

Avec le système actuel d'assistance, les paroisses ou unions de paroisses ont à offrir à l'indigent deux modes de secours : le secours à domicile (*aout door relief*) ou l'internement dans *le workhouse* (*in door relief*).

Le secours à domicile a été aujourd'hui bien abandonné par suite des abus auxquels il donne lieu et de l'espèce d'encouragement à l'oisiveté dont il est la cause.

C'est donc à peu près uniquement le secours du workhouse que l'assistance publique de l'Angleterre offre de nos jours à l'indigent; on sait d'ailleurs au prix de quels sacrifices: la perte du titre de citoyen et l'abdication complète de sa liberté. Tout individu entièrement dépourvu de moyens d'existence et reconnu tel peut devenir, si tel est son désir, un client de ces établissements, où il reste enfermé quelquefois indéfiniment.

« La traduction littérale du mot workhouse nous donne
« les mots maisons de travail; l'origine nous dit que ce
« nom est venu de l'idée de soumettre les pauvres valides
« à l'obligation du travail comme pierre de touche de
« leur misère; mais la traduction littérale aussi bien

« que l'étymologie seraient bien trompeuses ; car d'une
« part on ne travaille que peu dans le workhouse et
« d'autre part les valides y sont comparativement en petit
« nombre » (1).

Les workhouse sont, en effet, bien plus des établissements de répression que des maisons d'assistance. L'indigent qui entre au workhouse y revêt un costume spécial,
y est soumis à une discipline sévère, et il y passe parfois
le restant de ses jours, enfermé comme un malfaiteur. Les
établissements sont, il est vrai, divisés en plusieurs quartiers correspondant aux individus qu'ils doivent abriter :
valides, enfants, vieillards et enfin mendiants vagabonds
qui sont arrêtés sur la voie publique (*casual paupers*);
mais partout le régime est à peu près semblable : la confection de l'étoupe et celle des petits fagots sont à peu près
les seules occupations des hospitalisés; quelques-uns sont
aussi employés aux travaux d'entretien de l'établissement.

C'est dans les campagnes que ces maisons de travail
sont le plus pénible à voir: l'assistance publique secourt
dans le workhouse les paysans peut-être plus que l'ouvrier
des villes. « Ils y sont résignés d'avance comme à un sort
« inéluctable; c'est une idée qui, dans leur esprit, reste
« associée à celle de nécessité; ils ont vécu leur triste
« vie en labourant un sol qu'ils savaient ne pouvoir
« ni acquérir ni exploiter librement; ils ne peuvent la
« terminer dans la chaumière qui leur fut prêtée, parce
« qu'elle abrite uniquement ceux qui fournisent du tra-

____

(1) Chevallier, *La loi des pauvres et la société anglaise*, page 104.

« vail aujourd'hui et non ceux qui l'ont fourni hier;
« dépourvus d'asile, ils demandent au workhouse le repos
« de leur vieillesse » (1).

Tel est le système que l'administration emploie en
Angleterre pour le soulagement de la misère; c'est dans
le workhouse que se résume l'assistance publique organisée légalement. Si le procédé est généralement approuvé
par les Anglais qui supportent la taxe des pauvres, au
contraire l'ouvrier a le workhouse en horreur. Ce qui
éloigne l'indigent du workhouse, c'est l'instinct même de
la race anglaise, qui ne connaît pas de plus grande souffrance que la privation de la liberté: « Les anglais veulent
« décourager les solliciteurs de profession, éloigner les
« fainéants, les débauchés, retarder le jour où le pauvre
« sera contraint par la nécessité de recourir à l'assistance
« publique, parce qu'à ce moment, il est considéré
« comme une force perdue pour la société » (2).

Ce sentiment de répulsion pour la *poor law* et ses
corollaires est développé par les *friendly societies* et les
trade-unions avec une ardeur incessante; le travailleur
anglais, épris de liberté, use de tout son pouvoir pour
échapper à la maison de travail, il a recours à la mutualité
et ce n'est que lorsqu'il se trouve dans le plus extrême
dénuement que sa suprême ressource est de faire appel à
la charité officielle (3); cela explique les chiffres accusés

(1) Chevallier, *op. cit.*, page 375.
(2) A. Montheuil. *L'assistance publique à l'étranger* page 60
(3) Dans les périodes de chômage collectif les municipalités ont organisé des travaux de secours. Il en fut ainsi lors de la crise cotonnière,

par le *local government board* : en 1849, les assistés du workhouse représentaient environ 62 pour mille de la population totale; en 1892, leur nombre s'était trouvé réduit à 25 pour mille. Mais l'indigence n'a pas diminué parce que le nombre des assistés est moins considérable; seulement ceux-ci ont été en quelque sorte endigués grâce au concours de l'assistance privée; les sociétés privées de charité se sont en effet considérablement développées en Angleterre ; le *pauper* reste l'indigent officiel, le client du workhouse et de la *poor law*, tandis que le *poor* est le malheureux qui s'est tenu éloigné du workhouse et auquel la bienfaisance privée vient en aide en évitant son internement.

En somme, si le système de la charité légale en Angleterre a eu pour résultat d'inspirer la terreur au travailleur honnête, en lui offrant une maison de répression et en l'écartant, par la rigueur de ses mesures, de l'assistance officielle, ce n'est point là un résultat de nature à nous satisfaire; le workhouse est une maison de travail dont l'entretien coûte au contribuable sans qu'il en résulte

particulièrement intense de 1805. Le Ministre de l'Intérieur eut à cette occasion au constater dans son rapport que les mêmes hommes qui faisaient au workhouse pour 1 penny de travail par jour en échange des secours de l'assistance publique, arrivaient à gagner 2 fr. 50 aux ateliers de secours, où ils accomplissaient le même genre de travaux, moyennant salaire.

De même en 1892, le *local government board* a adressé aux organes administratifs de l'assistance une circulaire sur les moyens de secourir les ouvriers sans travail qui veulent éviter le stigmate du paupérisme et conserver leur indépendance, — circulaire assez semblable à celle adressée à nos Préfets par le Ministre de l'Intérieur le 8 novembre 1894.

aucun bien pour l'assisté. Au surplus, voici l'appréciation d'un économiste anglais sur la question :

« Tout plan de soulagement officiel par l'aumône, l'érec-
« tion de maisons ouvrières et l'occupation des désœuvrés
« des grandes villes, aboutirait à des maux pires que
« ceux auxquels il s'agit de remédier. Nul n'entend médire
« de la bonté et de la charité; elles ont leur rôle vis-à-
« vis de certaines infortunes; mais comme rouage uni-
« versel et permanent, la charité obligatoire, disposant
« des ressources de l'impôt, ne peut enfanter que des
« désastres, car elle implique l'anéantissement du pouvoir
« de reconstitution personnelle du travail honnête (1) ».

Mais il serait sans doute téméraire de vouloir imposer à l'Angleterre un nouveau système d'assistance; on ne change pas facilement les institutions qui reposent sur les vertus mêmes d'une race. « Le jour où l'Angleterre modi-
« fierait à sa base son système d'assistance publique, le
« trésor d'action que constitue à ce pays l'énergie indi-
« viduelle de ses citoyens serait bientôt entamé et peut-
« être irrémédiablement perdu (2) ».

(1) Thorold Rogers. *Travail et salaires en Angleterre*, page 489.
(2) Montheuil, *op. cit.*, p. 63.

II

Allemagne.

En Allemagne, l'assistance par le travail ne s'impose pas à la commune à l'égard des indigents valides, comme en Angleterre; aussi là où elle a été organisée, est-elle due la plupart du temps à l'initiative privée.

L'assistance des individus valides, qui est liée intimement à la question de la répression de la mendicité et du vagabondage, comporte trois sortes d'établissements distincts :

1º L'auberge hospitalière (*der Herberge zù Heimath*), permet à tout indigent de passage de trouver asile et nourriture, moyennant une somme minime (environ 1 fr.); mais ce n'est là une institution utile qu'à ceux qui ont quelque argent pour leur permettre de trouver une subsistance à bon marché.

2º Les stations de secours (*Verpflegüngs-stationen*), sortes d'auberges comme les précédentes, mais qui en diffèrent en ce que, au lieu de demander le paiement en nature du gîte fourni, elles demandent seulement pour rémunération une tâche simple et facile qui prouve la bonne volonté de l'assisté.

3° Enfin les colonies ouvrières (*Arbeiter-Kolonien*), destinées principalement à tous ceux qui ont perdu l'habitude du travail et, tombés dans la mendicité, ont besoin d'être relevés matériellement et moralement.

Nous n'avons rien à dire des auberges hospitalières qui n'ont aucun rapport avec l'assistance par le travail. Au contraire les stations de secours pratiquent l'assistance par le travail, en imposant une tâche à leurs hôtes pour l'obtention du secours.

Ces stations, dont la création date de 1865, sont aujourd'hui au nombre de plus de 2.000 dans l'empire d'Allemagne. Une grande partie ont été fondées par l'initiative privée, et celles-là sont presque toutes dotées de subventions des administrations communales ; les débours des stations ne sont en effet soldés que par un travail plus ou moins compensateur ; d'ailleurs, les municipalités évitant ainsi les frais de construction d'asiles et de distributions de secours, il est légitime que les stations soient aidées par elles.

Un certain nombre de stations de secours sont administrées directement par les communes ; ici le travail devient communal, c'est-à-dire qu'il consiste dans des travaux de terrassement ou de voirie ; malheureusement, dans ces maisons « qui doivent leur existence à la géné-
« rosité de l'administration, le directeur n'a comme salaire
« que l'économie qu'il sait faire sur les sommes qui lui
« sont allouées pour recevoir les voyageurs (25 pfennigs
« pour le dîner, 20 pour le souper, et 15 pour le déjeuner) ;

« et moins il donne à ses hôtes, plus ses revenus s'aug-
« mentent » (1).

Enfin les colonies ouvrières (dues à l'initiative du pasteur Bodelschwingh), achèvent l'œuvre d'assistance en
évitant au prolétaire de donner comme prétexte à sa
paresse le manque d'ouvrage. Ces colonies dont les unes
sont industrielles, comme à Berlin, les autres agricoles,
sont toutes organisées par la charité privée, mais le plus
souvent subventionnées par les pouvoirs publics.

Les procédés employés par les Allemands au point de
vue de l'assistance par le travail ont donné d'excellents
résultats, sinon en parvenant à rendre au travail régulier
ceux qui en ont perdu l'habitude ou à replacer dans l'industrie libre les ouvriers sans ouvrage, du moins en
diminuant considérablement la mendicité et le vagabondage (2).

Beaucoup moins dégradant que le procédé du workhouse
ou du dépôt de mendicité, le système allemand présente
l'avantage de la plus entière liberté ; ce ne sont pas là des
établissements de correction, ou des colonies de vagabonds
à régime sévère, ou des dépôts de condamnés, mais des
maisons d'assistance dont la porte est toujours ouverte,

---

(1) G. Berry. — *L'assistance aux ouvriers sans travail en Allemagne*, p. 8.

(2) Un rapport officiel de M. Starke, directeur au ministère prussien
de la Justice, constate que le nombre de vagabonds incarcérés dans les
prisons en 1897-1898 fut inférieur de 109.255 au chiffre de l'année
1883. (Documents du *Congrès d'assistance* de 1900. — Rapport de M. J.
Bachem), p. 9.

et où le seul règlement consiste à exécuter une tâche déterminée pour avoir droit au secours(1). Cependant, nous croyons que les stations allemandes méritent bien le reproche de canaliser le vagabondage ; fondées sur un

(1) Voici un règlement de station de secours :

RÈGLEMENT POUR LES COMPAGNONS EN VOYAGE, SANS MOYENS D'EXISTENCE ET AYANT RECOURS AUX STATIONS QUI LEUR FOURNISSENT L'ENTRETIEN MOYENNANT UN TRAVAIL COMPENSATEUR.

ARTICLE PREMIER. — Tout compagnon en voyage, ne possédant que la somme de 60 centimes en argent comptant et qui ne trouve pas d'ouvrage dans le pays, est considéré comme pauvre.

ART. 2. — Celui qui possède plus de 60 centimes, mais qui nie ou cache cette possession, peut non seulement être forcé de payer son entretien, mais encore être puni pour fraude.

ART. 3. — Celui qui est malade ou infirme et incapable de travailler doit se présenter aux autorités du pays et obtenir d'elles (selon l'art. 28 de la loi des secours) l'entretien et l'hospitalité.

ART. 4. — Tout individu bien portant qui demande des secours gratuits et qui n'a pas voulu accepter l'ouvrage qu'on lui a offert dans le pays, s'il refuse de travailler pour l'établissement, n'est pas accepté dans la station. Il est dénoncé à la police comme prévenu de vagabondage.

ART. 5. — Tout compagnon voyageant sans moyen d'existence et qui désire obtenir son admission dans l'asile doit avoir son livret. Celui qui n'a pas son livret est tenu de s'en procurer un pour la somme de 10 centimes.

ART. 6. — L'ouvrier compagnon observera rigoureusement le temps fixé par le comité pour travailler.

Celui qui n'arrive pas à l'heure fixée par les règlements ne peut compter ni sur un repas chaud, ni même sur un lit.

Il est enjoint à tout voyageur de suivre le règlement de l'établissement et d'obéir aux ordres des employés de la maison. Celui-ci est surtout tenu de faire l'ouvrage dont on le charge.

ART. 7. — Lorsqu'on fournit au voyageur pour 13 centimes de nourriture on peut lui demander une heure de travail.

Un employé désigné à cet effet fixe le temps pendant lequel chacun a le devoir de travailler.

principe d'humanité, elles permettent aux indigents de se rendre là où ils disent pouvoir trouver de l'ouvrage, mais trop souvent elles facilitent aux vagabonds leurs courses errantes tant par la facilité donnée à leur entrée et à leur sortie que par la douceur même de la discipline.

Terminons enfin en mentionnant le projet de loi soumis au parlement allemand, qui a pour but l'organisation de stations de secours dans toute l'étendue du territoire, à des distances sensiblement égales les unes des autres. La province et le cercle auraient chacun pour moitié la charge de ces stations ; quant au district et à la commune, ces deux collectivités pourraient être aussi appelées à contribuer à leur fonctionnement et à leur fournir le local nécessaire.

III

Hollande

A la différence de ce qui se passe en Angleterre et en Allemagne, l'État hollandais n'a pas inscrit dans sa législation le droit à l'assistance. Bien au contraire, la Hollande est un pays où l'assistance est pour ainsi dire laissée entièrement à la charge de la charité privée. En 1790, il y eut bien un essai d'assistance légale, mais sa proclamation ne fut guère suivie de résultats, et la loi du 28 juin 1854 a décidé dans son article 20 que l'assistance devait être laissée aux institutions charitables des différentes Églises ou aux institutions privées. Les pouvoirs publics n'interviennent qu'en cas de nécessité absolue pour venir en aide à ceux qui ont été abandonnés par la bienfaisance privée.

Au point de vue de l'assistance par le travail, il nous suffira de citer ici l'œuvre de la « Société de bienfaisance « néerlandise » qui, il y a près d'un siècle, fonda à Weesterbeek une *colonie agricole* destinée à soulager la misère qui s'était abattue sur le pays à la suite de la période des guerres de la Révolution et de l'Empire. Peu à peu, elle s'est développée et aujourd'hui lui est due la création de deux nouvelles colonies pour les ouvriers sans travail, appelées Wilhelminasoord et Willemsoord.

Les premiers pensionnaires de l'œuvre lui furent envoyés par les municipalités ayant participé à la fondation de la Société et qui eurent le droit d'y adresser autant d'individus qu'elles avaient versé de fois 60 florins, et autant de familles qu'elles avaient donné de fois 1700 florins.

Ces colonies qui s'étendent sur un territoire assez considérable et peuvent secourir environ 2000 indigents constituent toute une organisation. La Société y exploite six grandes fermes, trois manufactures de vannerie, nattes et tapis grossiers et de vastes tourbières. Les enfants des colons sont répartis dans des écoles primaires, dont les instituteurs sont fournis et payés par l'Etat.

Chaque nouveau venu est mis en possession d'une petite habitation avec un jardin et reçoit des vêtements ainsi qu'un mobilier et les instruments nécessaires à l'exploitation ; mais, sur le salaire hebdomadaire, la Société retient 0 fr. 70 pour le loyer, 0 fr. 06 pour le service médical et 0 fr. 46 pour l'habillement.

Enfin, lorsque le colon fait preuve de capacité dans son travail et de zèle, il peut recevoir la jouissance pleine et entière d'une ferme de 2 hectares et demie ; il devient alors un colon libre (freiboer) (1).

Tel est, résumé, le système des fameuses colonies agri-

(1) Extrait du Rapport au Conseil Municipal de MM. Faillet et G. Berry 1890.— N° 114.

coles de Hollande, où, on le voit, l'État participe dans une certaine mesure au fonctionnement de l'institution et au recrutement des assistés.

En dehors de ces colonies qui sont en définitive organisées par la bienfaisance privée, les pouvoirs publics ont eux-mêmes la direction de deux autres colonies, celles-ci réservées aux mendiants et qui sont plutôt des maisons de répression. Jusqu'en 1859, l'État hollandais exigeait que la société d'assistance prît à sa charge non seulement les indigents sans travail, mais aussi les vagabonds et les mendiants; mais depuis cette époque, à la suite de la crise qui résulta de cet état de choses et faillit compromettre à tout jamais l'organisation des colonies, il fut décidé que les pouvoirs publics reconnaissaient désormais à la Société de bienfaisance néerlandaise le droit de s'assurer de la moralité de ses recrues, et partant, que les colonies spéciales aux mendiants seraient remises entre les mains de l'État. Par suite, c'est à l'administration qu'incombe aujourd'hui la charge des dépôts de mendiants de Ounnuerschans et de Weenhuysen. Ces deux établissements, qui correspondent assez exactement à nos dépôts de mendicité, reçoivent d'une part les mendiants pris en flagrant délit qui sont internés pour un maximum de deux ans, et ils admettent d'autre part les indigents qui demandent eux-mêmes à y entrer. Pour les uns et les autres le travail est obligatoire; la discipline est sévère et la tranquillité assurée par une compagnie de soldats.

Ces colonies de mendiants présentent l'avantage de se

suffire à elles-mêmes, sans grever le budget de l'État; le personnel réparti dans les divers services travaille pour assurer tous les besoins communs de nourriture, d'habillement et toutes les exigences de la vie humaine, ce que nous ne saurions dire de nos dépôts de mendicité.

Enfin, il importe de signaler la maison des pauvres (*Armenhuis*) créée par la municipalité d'Amsterdam. Bien que les communes n'aient aucune obligation à l'égard des indigents, les grandes villes n'ont pas hésité à élargir le sens de la loi en créant des institutions destinées à soulager la misère; c'est ainsi que l'Armenhuis d'Amsterdam hospitalise les indigents et principalement les vieillards et les infirmes; tous ceux qui sont quelque peu valides doivent travailler (1).

Les services rendus par les colonies agricoles de Hollande aux classes pauvres ne sont pas douteux; en même temps qu'elles donnaient à la culture de vastes territoires dont jusque là aucun parti n'avait été tiré, elles assistaient efficacement l'indigence valide au moyen du travail agricole; mais bien qu'elles puissent donner asile à plus d'un millier de personnes, c'est à peine si l'on constate 200 entrées chaque année, représentant le nombre de places rendues vacantes par la mort ou le départ des colons, départs peu fréquents, puisqu'à la colonie leur existence est pour toujours assurée; mieux vaudrait certes que cette assistance ne fût que passagère, seulement destinée à permettre à l'ouvrier sans travail de se constituer un petit pécule qui

____

(1) Voir A. Montheuil, *L'assistance publique à l'étranger*, page 180.

pût l'aider à vivre en attendant qu'il ait retrouvé de l'ouvrage. Finalement, la colonie n'est autre chose qu'une vaste entreprise industrielle, dont les produits sont fort recherchés et que le travail libre ne voit pas toujours d'un œil indifférent.

Nous venons de décrire succinctement l'organisation de l'assistance officielle par le travail dans les trois pays, Angleterre, Allemagne et Hollande, où l'initiative des organismes publics s'est le plus fait remarquer par des créations originales, sinon des plus pratiques et des plus recommandables; notre intention n'est pas de passer en revue toutes les nations européennes dans le but d'examiner ce que chaque gouvernement a pu faire pour la cause de l'assistance par le travail; aussi nous en tiendrons-nous à cette étude qui peut donner un aperçu de trois institutions, le workhouse, la station de secours, la colonie agricole, qui, tout en étant esentiellement différentes dans leur constitution, poursuivent le même but et se rattachent au même principe : l'assistance par le travail.

Presque tous les gouvernements européens se sont engagés plus ou moins dans cette même voie, par l'emploi de systèmes plus ou moins complets, mais qui ont toujours pour objet l'allocation d'un secours aux individus valides après l'accomplissement d'une tâche qui prouve leur bon vouloir; quant au placement, fin dernière de ce mode d'assistance, il est plus négligé en général qu'il ne le fau-

drait, mais on peut avoir l'espoir que dans un avenir pro-
chette amélioration se trouvera partout réalisée, lorsqu'on
aura compris que l'assistance par le travail n'est complète
que si elle s'assigne la tâche de rendre l'ouvrier sans ouvrage au travail normal.

La *Suisse* a organisé des stations de secours sur le
modèle des stations allemandes ; celles des grandes villes
sont dues à l'initiative privée ; les autres aux communes,
districts ou cantons ; plusieurs cantons affectent même à
ces institutions une partie des produits du monopole de
l'alcool.

En *Belgique*, la loi du 27 novembre 1891, sur la
répression de la mendicité et du vagabondage, modifie
complètement la législation antérieure en condamnant au
travail obligatoire dans le dépôt de mendicité (de Merx-
plas) les vagabonds et les mendiants incorrigibles ; et en
plaçant au contraire dans la *maison de refuge* (de *Wor-
tel*) les mendiants arrêtés qui ne sont pas des professionnels et se trouvent momentanément sans travail ; ils y
reçoivent un salaire dont sont déduits les frais de leur
entretien ; et ils y restent jusqu'à ce qu'ils aient pu se constituer un petit pécule (1).

Un détail à noter : la jurisprudence interdit aux
bureaux de bienfaisance de subventionner et d'aider les
œuvres d'assistance par le travail. Néanmoins, les bureaux

---

(1) C'est là, comme le disait le pasteur Robin, une « hygiène morale ».
Il faut toujours distinguer celui qui veut et celui qui ne veut pas travailler.

de bienfaisance donnent fréquemment du travail à faire à leurs assistés, surtout aux femmes. A Bruxelles, lorsqu'un homme valide se présente pour obtenir un secours de chômage, le Comité des secours examine d'abord s'il est possible de le faire entrer au service du balayage municipal ; s'il n'accepte pas cette offre de travail, le secours lui est refusé.

La *Norrège*, par la loi du 6 juin 1863 (titre V), a organisé quelques maisons de travail où, malheureusement, le mélange de valides, d'infirmes, de mendiants ne peut que nuire au succès de ces établissements. En *Suède*, une loi du 9 juin 1871 condamne tous les mendiants qui tombent à la charge de l'assistance publique aux travaux forcés. — La ville de Stockolm cependant a créé une maison de refuge pour les indigents (*Stockolm Stads Arbeitsinrattning*) où le travail consiste en cordonnerie, menuiserie et serrurerie. La durée du séjour est de trois mois et l'admission n'a lieu qu'après la signature d'un contrat entre l'administration et l'indigent.

CONCLUSION

Après avoir examiné l'assistance par le travail dans son principe, après avoir fait connaître son histoire et ses applications, pouvons-nous formuler sur la question qui fait l'objet de cette étude une conclusion définitive et catégorique qui la puisse résoudre formellement ?

Il pourrait être téméraire de se prononcer d'une façon décisive en faveur de l'intervention des pouvoirs publics en matière d'assistance par le travail, ou contre elle, surtout lorsqu'au dernier Congrès d'assistance de 1900 les philanthropes les plus éminents se sont trouvés parfois en désaccord, un délégué officiel du gouvernement, M. Monod, réclamant sur ce sujet la libre et seule initiative de la bienfaisance privée, tandis qu'un membre privé, M. le pasteur Robin, fondateur de la Maison hospitalière pour les ouvriers sans travail de la rue Fessart, exaltait les mérites de l'assistance organisée par les pouvoirs publics !

Les dangers de l'assistance légale, obligatoire, telle qu'elle a été organisée en Angleterre dès le règne d'Elizabeth ou en France en 1789 et en 1848, nous ont été maintes fois révélés ; et ces diverses expériences en sont une preuve. Avec le système anglais, l'assistance légale constitue pour l'ouvrier un complément de salaire, qui, en déterminant la baisse générale des salaires dans l'industrie privée, augmentait d'autre part les charges de l'assistance publique et faisait peser sur les citoyens une taxe de plus en plus forte. Sans parler de la flétrissure qu'encourt l'indigent admis au workhouse par la perte de ses droits civils, comment appeler *assistance* un procédé qui n'est qu'une menace et consiste seulement à débarrasser la société des mendiants sans chercher aucunement à les amender et à les relever.

Chaque fois qu'on a voulu organiser légalement l'assistance par le travail, on n'a eu l'occasion que d'en constater les déplorables effets : l'encombrement des établissements par des individus paresseux et bien décidés à ne rien faire sera toujours la plaie de l'assistance légale ; en 1789 et en 1848, il n'en fut pas autrement. Ou bien il faut laisser aux hôtes des maisons d'assistance une grande liberté en se basant sur des considérations de philanthropie et de solidarité et les inconvénients précédemment signalés se produisent immédiatement ; ou bien au contraire, s'il ne s'agit que de mesures de rigueur et d'une discipline des plus sévères, alors l'assistance devient de la répression ; il nous semble difficile d'éviter l'un de ces écueils avec le système de l'assistance légale et du droit au travail.

Mais lorsque, sans parler de secours ou de travail obligatoire, et sans qu'aucun droit naisse au profit de l'indigent, un gouvernement veut chercher, en obéissant à la loi de solidarité, à soulager la misère de ses citoyens valides

en leur procurant lui-même de l'ouvrage en temps de chômage et jusqu'à ce qu'ils aient retrouvé un travail régulier,
les inconvénients que nous signalions plus haut n'ont plus
de raison de se produire.

Nous avons parlé de l'éclosion extraordinaire d'œuvres
privées qui ont organisé l'assistance par le travail pendant
les dix ou vingt dernières années, et nous avons vu que
chez nous elles constituaient à peu près seules les moyens
de soulagement de l'indigence valide.

Nous avons, d'autre part, exposé et réfuté les arguments
que font valoir les adversaires de l'initiative gouvernementale et, admis que, organisée avec prudence et réserve, l'assistance publique par le travail pouvait donner de fort
bons résultats.

Ainsi que l'a dit Thiers à l'Assemblée nationale de 1848,
« l'État, comme l'individu, doit être bienfaisant, mais
« comme lui, il doit l'être par vertu, c'est-à-dire libre-
« ment ».

Le Congrès d'assistance publique et de bienfaisance privée de 1900 a pris sur la question une décision qui, pour
être modérée, nous semble cependant repousser par trop
l'initiative des pouvoirs publics. « Tout en rendant jus-
« tice, — disait cette assemblée, — aux tentatives réali-
« sées en ce sens par les municipalités des grandes villes,
« ces œuvres sont d'autant plus efficaces qu'elles visent
« chacune un plus petit nombre d'assistés ; elles doivent
« de préférence être fondées, organisées et gérées par l'ini-
« tiative privée ».

« Les collectivités locales et les administrations publi-
« ques, — ajoute le Congrès, — pourront les favoriser
« notamment par des subventions, des concessions de ter-
« res ou de bâtiments, et par des relations régulières avec
« les organismes administratifs de l'Assistance publique ».

Sans doute, les pouvoirs publics auraient tort de ne pas
employer ces mesures d'aide et d'encouragement qui permettent à des œuvres de condition souvent modeste de
s'organiser avec des ressources suffisantes, en même temps
qu'à leur tour elles rendent au gouvernement d'importants
services, puisqu'elles diminuent les charges de l'Assistance
publique, et souvent soulagent les prisons d'une grande
quantité de vagabonds et de mendiants.

Mais nous croyons aussi que les organes administratifs
peuvent, concurremment avec la bienfaisance privée, fonder et administrer eux-mêmes des maisons d'assistance
par le travail. Les travaux publics réservés pour les périodes de chômage en grand, comme il y en eut par exemple après notre dernière Exposition Universelle, sont déjà
des remèdes excellents pour soulager l'infortune des sans-
travail dans les époques de crise générale; mais même
pour l'état de chômage permanent que nous constatons
chaque jour parmi la classe ouvrière et pour lequel des
palliatifs sont seuls possibles, l'institution d'établissements
de travail officiels ne peut être qu'excellente si des précautions sont prises pour assurer une discipline sérieuse,
et organiser un travail effectif dans des établissements
suffisamment restreints pour n'occuper qu'un personnel

peu nombreux, de la même manière que le font les associations privées ; c'est seulement à ce prix que les pouvoirs publics pourront réussir dans leurs créations.

Les ateliers de Turgot au XVIIIe siècle étaient une très heureuse institution, organisée conformément aux règles précédentes et seule la Révolution est venue détruire l'œuvre du ministre de Louis XVI pour la remplacer par des ateliers conçus sur un tout autre plan. En 1848 une curieuse expérience fut également faite par le gouvernement et couronnée de succès : nous voulons parler des ateliers ouverts à Beaumont pour les gardes municipaux licenciés que les ouvriers ne voulaient pas accepter parmi eux dans les ateliers nationaux. Enfin, aujourd'hui même, les maisons de travail et la colonie agricole fondées par la Ville de Paris ont donné des résultats suffisamment probants pour pouvoir bien augurer pour l'avenir des efforts de l'initiative officielle.

Les mesures prises en Allemagne pour assister les indigents valides sont peut-être moins à recommander, parce que les stations de secours servent plutôt à canaliser le vagabondage qu'à le supprimer ; et les colonies agricoles de Hollande ont le défaut d'assister à titre permanent, au lieu que l'assistance par le travail ne doit consister qu'en une aide essentiellement temporaire. Néanmoins toutes ces institutions ne peuvent être qu'un précieux encouragement pour les pouvoirs publics que ne doivent pas laisser indifférents la misère des hommes valides. La charité privée, parfois capricieuse, s'arrête souvent en chemin, et la misère non secourue est un ferment de haines, qu'il importe pour la sécurité de l'Etat de ne pas laisser se propager.

Le dépôt de mendicité tel que l'avait compris Napoléon et tel qu'il est question de le rétablir de nos jours serait l'essai le plus complet d'assistance administrative pour les individus valides, et l'expérience tentée à Courville nous semble assez concluante pour donner gain de cause aux partisans de l'initiative gouvernementale. Il y a d'ailleurs, dans l'assistance des valides, une question de police et d'ordre public, qui se lie intimement, nous l'avons vu, à celle de la mendicité et du vagabondage, dont il est du devoir de l'Etat d'empêcher le développement nuisible à son progrès économique.

TABLE DES MATIÈRES

Imprimerie de l'Institut International de Bibliographie scientifique. — v-1901.